Suhrkamp BasisBiographie 19 **Mahatma Gandhi**

Leben Werk Wirkung

Matthias Eberling, Dr. phil., Jahrgang 1966, studierte Politikwissenschaft, Psychologie und Soziologie in Mainz, Heidelberg und Berlin. Er lebt und schreibt, nach zehn Jahren Forschung und Politikberatung, als freier Publizist in Berlin.

Mahatma Gandhi

Suhrkamp BasisBiographie
von Matthias Eberling

Suhrkamp BasisBiographie 19 Erste Auflage 2006 Originalausgabe
© Suhrkamp Verlag Frankfurt am Main 2006
Druck: Ebner & Spiegel, Ulm · Printed in Germany
Umschlag: Hermann Michels und Regina Göllner
ISBN 3-518-18219-6 · ISBN 978-3-518-18219-2
Die Schreibweise entspricht den Regeln der neuen Rechtschreibung, Zita-
te werden in ihrer ursprünglichen Rechtschreibung belassen.

1 2 3 4 5 6 – 11 10 09 08 07 06

Inhalt

»Die große Seele«

Der bescheidene kleine Mann aus Indien war bereits zu Lebzeiten eine Legende. Ohne einen einzigen Schuss abzugeben, zertrümmerte er ein Weltreich und führte Hunderte Millionen Menschen in die Freiheit. Mahatma Gandhi – sein Name ist zum Inbegriff des friedlichen Widerstands gegen Ungerechtigkeit und Unterdrückung und für Gewaltfreiheit als universelles Grundprinzip geworden. Und sehen wir heutzutage wieder einmal in den Nachrichten, dass Menschen mit einer Sitzblockade gegen die Atomindustrie demonstrieren, sehen wir auch Gandhi. Wer war dieser Mensch: ein moderner Heiliger oder ein indischer Kohlhaas?

Betrachtet man zeitgenössische Fotografien, fällt immer wieder Gandhis Zerbrechlichkeit ins Auge. Als könne ihn ein leichter Windstoß davonwehen, wirkt er rein körperlich nicht wie ein Mensch, der sich erfolgreich gegen den Polizeiapparat und die Armee eines Imperiums durchsetzen könnte. Seine offensichtliche Schwäche und Verwundbarkeit waren jedoch seine eigentlichen Vorzüge. In seiner ruhigen und dennoch hartnäckigen Art setzte er der Gewalt des Systems die Vernunft seiner Argumente entgegen in der festen Überzeugung, dass diese die Aggressoren über kurz oder lang moralisch besiegen mussten. Eine totalitäre Diktatur hätte eine zarte Gestalt im Lendenschurz wie ihn einfach zerbrochen und ausgelöscht. Aber in einer Demokratie mit einer kritischen Presse – und wenn sie auch eine rassistische, imperialistische Klassengesellschaft wie das Britische Empire war – konnte dieser stete Tropfen des gewaltfreien Widerstands jedoch letztlich das Joch der englischen Kolonialherrschaft brüchig werden lassen. Der verheerende Zweite Weltkrieg beendete dann endgültig die Herrschaft der weißen »Sahibs«, Indien wurde als eines der ersten Länder der sogenannten Dritten Welt unabhängig.

Gandhis Mittel in der politischen Auseinandersetzung waren so schlicht wie seine Kleidung: Er sprach zu den Menschen und mit ihnen, er organisierte den gewaltfreien Widerstand gegen die Unterdrücker und den Boykott ihrer Waren und

Gesetze, er lebte bescheiden und achtete alles Leben gleichermaßen. Seine unermüdliche Geduld und Friedfertigkeit haben oft seine Gegner besiegt, seinen Anhängern wiesen seine Worte und Methoden den friedlichen Weg in die Selbstbestimmung. Als gläubiger Hindu zitierte er die heilige Schrift seiner Heimat, die Bhagavad-Gita, ebenso wie die Bergpredigt oder den Koran, und lehnte das Kastenwesen als inhuman ab, das einen Teil der Gläubigen zu »Unberührbaren« degradierte. Zunächst in Südafrika, später in seiner indischen Heimat entwickelte Gandhi die zentralen Ideen seiner Lebensphilosophie: »Satyagraha«, die »Kraft der Wahrheit«, die durch permanenten zivilen Ungehorsam und vorbildhafte Aufrichtigkeit im persönlichen Lebenswandel die ungerechten Gesellschaftsverhältnisse verändern wollte, und »Swadeshi«, der Entwurf einer wirtschaftlichen Autarkie, die durch Eigenproduktion erreicht werden sollte und verbunden ist mit der Forderung nach Besitzlosigkeit sowie der Besinnung auf elementare Bedürfnisse und eine einfache Lebensweise. Gandhi war ein Mann der Praxis. Eine Idee überzeugte ihn erst, wenn er ihre Tauglichkeit selbst überprüft hatte. So gründete er in Südafrika und in Indien kleine Siedlungen auf dem Land, in denen er mit seinen Anhängern die Ideale der Bewegung in die Tat umzusetzen versuchte. Das Spinnrad, Gandhis Symbol für die eigenständige Herstellung von Kleidung (und zugleich Symbol für die Ablehnung britischer Industrieprodukte), ziert heute noch die Nationalflagge Indiens.

Gandhi, den seine Gegner nur verächtlich als »halbnackten Fakir« (Winston Churchill) bezeichneten, hielt als geistiger Führer der indischen Unabhängigkeitsbewegung die Welt seiner Zeit in Atem. Nach seiner Ermordung durch einen Hindu-Fundamentalisten 1948 wurde er zum Märtyrer und Mythos stilisiert. Sein politisches Handeln gab den unterdrückten Kolonialvölkern der »Dritten Welt« ein Gesicht, seine Philosophie und sein Handeln zeigen der Welt bis heute eine Alternative zu Krieg und Gewalt. Während Europa, die Heimat der Kolonialherren, in mörderischen Schlachten und im Bombenhagel unterging, während in deutschen Nazi-Vernichtungslagern Tag und Nacht die Schornsteine der Krematorien qualmten, während Nagasaki und Hiroshima von amerikanischen Atomwaffen eingeäschert wurden, predigte ein kleiner kluger Mann zielstrebig und mit ungeheurer Beharrlichkeit seine Botschaft von Liebe und Freiheit, Selbstlosigkeit und Solidarität. Gerade sein Erscheinen in der blutigen ersten Hälfte des 20. Jahrhunderts macht ihn bis heute zu einer singulären Gestalt in der Politik. Wer war in der Geschichte mit friedlichen Mitteln je so erfolgreich wie Gandhi? Indiens Befreiung bedeutete das Ende von 500 Jahren Kolonialismus – und das mit einem neuen politischen Instrumentarium.

Als Mohandas Karamchand Gandhi 1915 nach seinen Lehr- und Wanderjahren in London und Südafrika nach Indien zurückkehrte, verlieh der indische Dichter und Literaturnobelpreisträger Rabindranath Tagore ihm den Ehrentitel »Mahatma«, zu Deutsch: die große Seele. Gandhis Bescheidenheit verbot ihm jedoch zeitlebens jeden Kult um seine Person. Er selbst sah sich nicht als auserwählten Visionär, sondern als praktischen Idealisten, der in erster Linie sich selbst gegenüber bei der Verwirklichung seiner Vorstellungen vom guten Leben immer kompromisslos blieb. Gandhi hat nie nach Macht gestrebt. Er wollte niemandes Herr sein – aber auch niemandes Knecht.

Seine Wirkung bis in die Gegenwart ist ungebrochen. Gäbe es heute die friedliche Einheit Deutschlands und Europas ohne den gewaltfreien Widerstand der Revolutionen von 1989? Er leitete mit der Befreiung Indiens nicht nur das Ende des europäischen Imperialismus ein, sondern hat mit seinem Erfolg späteren politischen und sozialen Bewegungen den Mut gegeben, mit friedlichen Mitteln für Veränderungen zu kämpfen. »Künftige Generationen werden es kaum glauben, dass ein solcher Mensch jemals leibhaftig auf unserer Erde weilte« (zit. n. Briley 1982, S. 20; Übers. M. E.), schrieb Albert Einstein über Gandhi.

Leben

Kindheit und Jugend: eine politische Familie (1869-1888)

Das unter britischer Herrschaft stehende Indien des 19. Jahrhunderts war eine feudal organisierte bäuerliche Gesellschaft. 100 000 Kolonialherren regierten über 300 Millionen Inder. Der Subkontinent vereinte in sich die Vielfalt von über 300 verschiedenen Stammesgemeinschaften, die in mehr als 400 Sprachen miteinander sprachen. Die hinduistisch geprägte indische Gesellschaft wies jedem Mitglied bereits bei der Geburt seinen Platz in einem komplexen Kastensystem zu, nicht zuletzt trennten unterschiedliche Religionen die Menschen. Nur ein kleiner Teil des Landes, zersplittert in zahllose winzige Operettenfürstentümer, war formal unabhängig, stand faktisch aber unter der Kontrolle der »Sahibs«, der weißen Herren, wie die Angehörigen der Kolonialmacht genannt wurden. Ein solches Fürstentum war Porbandar, eine kleine Hafenstadt in der Provinz Gujarat an der Westküste Indiens, mit seinen damals etwa 72 000 Einwohnern.

Indien als Teil des Britischen Empire

Hinter den Mauern der Stadt lag ein Meer von kleinen weißen Häusern, die in der Sonne zu glänzen schienen, und in den schmalen Gassen erhob sich ein Gewirr von Menschen und Stimmen. Nur der Palast des Fürsten und wenige andere Gebäude verfügten über mehr als ein Stockwerk. In einem von ihnen kam am 2. Oktober 1869 Mohandas Karamchand Gandhi als das jüngste von vier Kindern zur Welt. Ihr Vater, Karamchand Gandhi, war der Premierminister dieses Miniaturstaats. Anfang des 19. Jahrhunderts wurde die gesamte Provinz, deren Baumwollfelder den so wichtigen Rohstoff für die britische Textilindustrie lieferte, nach mehreren kriegerischen Auseinandersetzungen dem »Schutz der Krone« unterstellt. Faktisch übernahmen britische Statthalter die Regierung der Fürstentümer Gujarats, ohne ihre Zustimmung konnte keine wichtige politische Entscheidung getroffen werden. Innenpolitisch blieben die Provinzfürsten jedoch autonom.

Geburtsort

Die Gesellschaft wurde bestimmt von einem im Hinduismus wurzelnden starren Kastensystem, das zur damaligen Zeit nicht nur die Partner- und Berufswahl bestimmte, sondern

auch über Kleidung, Ernährung und Umgangsformen entschied. Ausgeschlossen aus diesem Kastensystem, das noch
einmal nach Regionen und Berufen in etwa zwei- bis dreitau-
send Unterkasten unterteilt ist, und damit auf der untersten
Stufe der gesellschaftlichen Hierarchie, stehen die Kastenlosen oder »Unberührbaren«, die alle niedrigen Arbeiten ver-

Herkunft   richten müssen. Die Familie Gandhi gehörte der Modh Ba-

nia-Kaste an, einer Unterkaste der Vaishya, der Kaufleute,
und war damit Teil der politischen und gesellschaftlichen Oberschicht. Die Vaishya-Kaste, zu
denen Kaufleute und Großgrundbesitzer zähl-
ten, stellt eine der vier großen Gruppierungen
im indischen Kastensystem dar. Sie ist die dritte
Kaste, die erste Kaste bilden die Brahmanen,
die das Wissen hüten, die zweite Kaste ist die
Herrscher- und Kriegerkaste der Kshatriya. Den
Kaufmannsberuf allerdings übten die Gandhis
schon lange nicht mehr aus, sondern bereits
Großvater und Urgroßvater dienten den Fürsten in politischen und administrativen Belan-
gen.

Karamchand Gandhi besaß zwar keine große
Schulbildung, galt jedoch als kluger und um-

Gandhis Vater   sichtiger Mann, der für seinen Gerechtigkeitssinn und seine
Karamchand   Zivilcourage bekannt war. Später übernahm er in Rajkot die
Funktion eines Richters am Fürstengericht. Er leitete dort
allerdings nur in geringerem Umfang Strafprozesse, vielmehr
Eltern   vermittelte er als Schlichter und Schiedsrichter zwischen den
streitenden Parteien. Gerade in dieser Funktion und weniger
als Politiker hat der Vater den jungen Gandhi beeindruckt.
Karamchand war viermal verheiratet, jedoch starben seine
Frauen jung, und erst seine vierte Frau Putlibai gebar ihm die
ersehnten Söhne, die in Indien allein die Traditionslinie einer
Familie fortführen konnten. Töchter heirateten in andere Familien ein und mussten zu ihrer Verheiratung mit einer Mitgift ausgestattet werden. Auch die Mutter hatte entscheidenden Einfluss auf ihren Sohn. Sie war eine tief religiöse Frau,
die sich häufig strenge Gelübde auferlegte. Gerade das Fasten

»Mein Vater hatte nicht den geringsten Ehrgeiz, Schätze zu häufen, und hinterließ uns nur ein sehr geringes Teil an irdischen Gütern. [...] Wenn ich an meine Mutter denke, so weht mich vor allem der Duft der Heiligkeit an.« (Gandhi über seine Eltern; *Mein Leben*, S. 8)

war für sie Ausdruck spiritueller Verbundenheit mit der Welt, eine Praxis, die Gandhi später in seinem politischen Kampf übernehmen sollte. Seine Mutter ertrug die selbstauferlegten Entbehrungen stets mit großer Heiterkeit, ging ihrer Hausarbeit nach und galt am Fürstenhof als erfahrene Ratgeberin.

Als seine Familie nach Rajkot in das etwa 200 Kilometer entfernte politische Zentrum Gujarats zog, war Gandhi sieben Jahre alt und wurde auf die Grundschule geschickt. In Porbandar hatten seine Familie sowie die Familie der fünf Brüder seines Vaters unter einem Dach gelebt, die Kinder zusammen gespielt und die ganze Großfamilie gemeinsam ihre Mahlzeiten eingenommen. Gegenseitiges Verständnis und Rücksichtnahme konnte er so ganz selbstverständlich einüben. In Rajkot fügte er sich nahtlos in die neue Gemeinschaft ein. In der Schule war er scheu, schweigsam und unauffällig, zum ersten Mal kam er mit der Kultur der britischen Kolonialherren in

Schulzeit

Berührung. Der Unterricht fand auf Englisch statt, eine Sprache, die auch seine Eltern nicht sprachen. Gandhi war in dieser Zeit kein guter Schüler, seine Noten blieben mäßig, und besonders Mathematik und Sport bildeten seine Schwachpunkte.

Gandhi im Alter von sieben Jahren

In Rajkot befand sich auch der Sitz der Politischen Agentur der Briten, die zur politischen Einflussnahme auf die Zwergstaaten der Halbinsel Kathiawar diente. Dabei war es die Aufgabe von Gandhis Vater als Richter am Fürstengericht, politische Streitigkeiten zwischen den einzelnen Fürstentümern zu schlichten.

Nach traditionellem Brauch wurde, wie in Indien üblich, bereits sehr früh von den Eltern eine Braut für den Sohn bestimmt. Gandhi war sieben Jahre alt, als er verlobt, und dreizehn Jahre, als er verheiratet wurde. Sein Vater überschritt nun die Sechzig und wollte die familiären Angelegenheiten vor seinem Tode klären. Damit sich der Aufwand der prachtvollen und kostspieligen Hochzeitszeremonie lohnte, wurden zugleich auch sein Bruder Karsandas und ein Cousin vermählt. Gandhis Braut hieß Kasturba Nakanji; sie war hübsch und willensstark, stammte aus der gleichen Kaste und hatte das gleiche Alter wie er. Mit ihr umrundete er 1882 in sieben Schritten das heilige Feuer und sprach das Heiratsgelübde der Hindus. »Ich sehe nichts, womit man eine so unsinnig frühe Heirat wie die meine moralisch befürworten könnte«, urteilte Gandhi darüber in seiner Autobiographie (*Mein Leben*, S. 11) und kritisierte später auch öffentlich die Praxis der Kinderheirat. Als Ehefrau hatte Kasturba ihrem Mann in dessen Haus zu folgen, in der Familienhierarchie stand sie traditionell auf der untersten Stufe und war ihrem Schwiegervater schutzlos ausgeliefert. Gebar sie ihrem Gatten keine Söhne, wurde eine Ehefrau schlechter behandelt als eine Dienerin. Sie durfte nicht die Scheidung einreichen und blieb nach dem Tod des Mannes als rechtlose Dienerin im Haus der Schwiegereltern. Kasturba wurde von ihrer neuen Familie aber gut aufgenommen, dem Anspruch auf Gehorsam und der Eifersucht ihres unerfahrenen Mannes widersetzte sie sich mit ihrer Willensstärke sehr erfolgreich. Oft sprachen die beiden sturen Kinder nach Streitigkeiten tagelang nicht miteinander.

Gandhis bester Freund in Rajkot war ein Muslim. Damals glaubten viele Jugendliche, die wenigen Engländer herrschten nur deshalb über die vegetarisch lebende Mehrheit der Hindus, weil der Fleischgenuss sie stark mache. Obwohl in strenger Tradition erzogen, ließ er sich von seinem Freund überreden, Ziegenfleisch zu essen. Es schmeckte ihm nicht, und er hatte ein schlechtes Gewissen. Ähnlich wie mit dem Fleisch erging es ihm mit Zigaretten, deren Wirkung er als Teenager unbedingt ausprobieren musste, obwohl Alkohol und Zigaretten im Hause Gandhi streng verboten waren. Nach einigen

Hochzeit

Vgl. S. 83

Erste
Experimente

weiteren heimlichen Fleischmahlzeiten schwor er sich, dieses nie wieder anzurühren. Er ertrug es nicht, um dieser Experimente willen seine Eltern zu hintergehen. Seine Familie gehörte zur Glaubensgemeinschaft der Vaishnavas, die wie die Anhänger des Jainismus glaubten, jegliche Gewalt gegen Lebewesen sei eine Sünde. Die Jain-Priester trugen sogar Tücher vor dem Mund, um nicht versehentlich ein Insekt einzuatmen. Sie vermieden nächtliche Gänge, um nicht im Dunkeln einen Käfer zu zertreten. Ihr Prinzip der Gewaltlosigkeit (»ahimsa«) sollte für Gandhis späteres Leben von entscheidendem Einfluss sein.

Nach der Hochzeit ging Gandhi zur Oberschule, die er mit gutem Erfolg besuchte. 1887 legte er das Examen ab, das ihn zum Besuch einer Universität berechtigte. In dieser Zeit starb sein Vater an den Folgen eines Unfalls, der sich auf dem Weg zur Hochzeit seiner Kinder ereignet hatte. Gandhi verbrachte viel Zeit am Krankenbett des Vaters. Doch eines Tages trieb ihn die Leidenschaft ins Bett zu seiner hochschwangeren Frau, obwohl der Glaube den Liebesakt mit einer Schwangeren eigentlich verbot. Als sein Vater ausgerechnet zu diesem Zeitpunkt starb, empfand Gandhi dies als eine Schande, die ihn sein Leben lang begleiten sollte. Das Kind, das Kasturba wenige Tage später zur Welt brachte, verstarb bald darauf. Die Fehler und Schwächen seiner Jugendzeit beschäftigten Gandhi bis ins hohe Alter, gleichzeitig aber sah er sie auch als eine Quelle der Selbsterkenntnis an. Die Auseinandersetzung mit dem eigenen Verhalten bildete den Schlüssel zu seiner hohen Selbstdisziplin und asketischen Lebensweise.

Oberschule

> »Aber eins schlug tiefe Wurzeln in mir: die Überzeugung, daß Sittenreinheit die Grundlage der Dinge und daß Wahrheit der Kern aller Sittenreinheit ist. Wahrheit wurde nun mein ganzes Bestreben.« (Gandhi zu seinen ethischen Grundlagen; *Mein Leben*, S. 34)

Der Tod des Vaters beraubte die Familie ihres Einkommens, Gandhi sollte nach dem Wunsch seines Vaters die berufliche Laufbahn seiner Vorfahren einschlagen, während der älteste

Bruder Lakshmidas als neues Familienoberhaupt mit seinem Einkommen als Berater des Fürsten von Porbandar die Versorgung der Familie zu gewährleisten hatte. Um eine solche Position bekleiden zu können, hielt es der Familienrat nach Rücksprache mit einem Vertrauten des verstorbenen Vaters für nötig, ihn zum Studium nach London zu schicken, da ein indischer Hochschulabschluss für das Richteramt oder das Amt eines Diwan (leitenden Verwaltungsangestellten) als unzureichend angesehen wurde – gerade im Kontakt mit den sogenannten Agenten, den Vertretern der britischen Kolonialmacht.. Seine Mutter war jedoch dagegen. Zum einen ist es für einen Hindu Sünde, den Ozean (»die schwarzen Wasser«) zu überqueren, denn der indische Seehandel lag traditionell in der Hand der Muslime und Parsen, der indischen Perser. Zum anderen fürchtete sie, ihr Sohn könne im europäischen Sündenbabel den Verlockungen des Alkohols, des Fleischgenusses und der Prostitution erliegen. Daher ging Gandhi zunächst für ein Semester auf ein indisches College, wo er sich aber nicht wohl fühlte. Sein älterer Bruder lieh ihm schließlich das Geld für die lange Reise und das Studium. Er sollte ein Jurastudium aufnehmen, obwohl Medizin sein Herzenswunsch war. Der Glaube verbot ihm jedoch eine Tätigkeit als Arzt, da der Umgang mit Leichen und das Zerteilen von Fleisch einem Kastenangehörigen verboten waren. In Gegenwart eines Jain-Priesters legte er ein Gelübde ab und schwor seiner Mutter, keiner der von ihr befürchteten Verlockungen zu erliegen und auch in Europa wie ein Hindu zu leben. Jedoch stellten seine Studienpläne einen Präzedenzfall dar: Noch nie war ein Angehöriger der Modh Bania im Ausland gewesen. Wegen des ungewöhnlichen Falls wurde eine Kastenversammlung einberufen, auf der Gandhi mit dem Verlust der Kastenzugehörigkeit gedroht wurde, falls er Indien verlasse. Dies stellte eine schwere Drohung dar, denn die Kaste bildete den festen Bezugsrahmen für jeden Inder. Als Kastenloser war er aus der Gesellschaft ausgeschlossen,

jeglicher Kontakt zu ihm führte zum Ausschluss der Betroffe-
nen. Gandhi verteidigte seine Entscheidung mit dem Hinweis
auf sein Gelübde, allerdings ohne Erfolg. Die Versammlung
verstieß ihn, und er galt von nun an als Kastenloser. Dennoch
setzte er, unterstützt von seiner Familie, die gemeinsam ge-
troffene Entscheidung in die Tat um.

Studium in London (1888-1891)

Im Spätsommer 1888 bestieg Gandhi das Schiff, das ihn nach
London bringen sollte. Er war inzwischen zum ersten Mal Vater geworden. Seine Frau und den kleinen Harilal, seine Familie und seine Vergangenheit ließ er hinter sich. Zum ersten
Mal in seinem Leben trug er einen westlichen Anzug nebst
Krawatte. Er kam sich fremd vor in der Welt der Weißen, sein
Englisch erschien ihm unzureichend, und so blieb er der
schüchterne Beobachter auf seiner Reise in eine andere Welt.
Dr. Pranjivan Mehta, ein erfahrener, weltgewandter Rechtsanwalt und Bekannter seines Bruders, fuhr ebenfalls nach London und sollte für Gandhi zum Mentor seiner Studienzeit
werden. Das Britische Empire war damals das größte Koloni-
alreich der Welt, das sich über alle Kontinente und Zeitzonen
des Planeten erstreckte. Exotische Waren aus allen Erdteilen
erreichten täglich die englischen Häfen, die Londoner Han-
delshäuser und Banken regierten den Welthandel, der Man-   **Der Nabel**
chester-Kapitalismus mit seinen qualmenden Schloten und   **der Welt**
dröhnenden Dampfhämmern bestimmte den Alltag der Mas-
sen, und über allem thronte Königin Victoria, seit 1876
auch »Kaiserin von Indien«. Aber hier entstand, inmitten
des Elends, auch eine Arbeiterbewegung, Marx und Engels
forschten und publizierten im Herzen des Imperiums.
Gandhi war diese Welt völlig fremd. Nach den ersten Tagen
im Hotel halfen ihm indische Bekannte, eine günstige Bleibe
zu finden. Er schrieb sich als Student am Inner Temple ein, einem juristischen College im Zentrum Londons. Als Nächstes
fragte sich Gandhi, wie er im Land der »beefeater« seinem Gelübde treu bleiben und sich vegetarisch ernähren könnte.
Aber zu seiner Überraschung gab es in der Metropole auch vegetarische Restaurants und sogar eine Vegetarische Gesell-

schaft, der er gleich zu Beginn beitrat. Erst hier wurde er ein
überzeugter Vegetarier, zuvor waren es eher die familiären Traditionen gewesen, die ihn zurückgehalten hatten. Vor allem
das Buch *A Plea for Vegetarianism* von Henry Salt beeindruckte ihn sehr, über Jahrzehnte blieb er dem Autor im Rahmen eines Briefwechsels freundschaftlich verbunden. Salt und
die vegetarische Bewegung vertraten die Ansicht, dass die Natur nicht hemmungslos ausgebeutet werden dürfe, wofür der
ethisch nicht vertretbare Verzehr von Fleisch ein Ausdruck sei,
und beriefen sich auf berühmte Vegetarier wie da Vinci oder
Schopenhauer. Gandhi versuchte in dieser Zeit, sich den englischen Sitten und Gebräuchen anzupassen, um von der Londoner Gesellschaft akzeptiert zu werden. Er kleidete sich nach
der englischen Mode der Zeit, nahm Französischunterricht
und Tanzstunden, lernte Geige und fuhr mit der Kutsche.

Engagement
für den
Vegetarismus
Für die Zeitschrift der Vegetarischen Gesellschaft, in der sich
mit Anarchisten, Sozialisten, Atheisten und Pazifisten viele
Anhänger grundlegender gesellschaftlicher Reformen versammelten und in der er schnell Freunde fand, schrieb er seine ersten Artikel und wurde bald Schriftführer des Vereins. Während das Schreiben ihm leicht fiel, hatte er aufgrund seiner
Schüchternheit große Probleme. Waren erst einmal alle Augen im Saal auf ihn gerichtet, brachte er vor lauter Lampen-
fieber und Nervosität keinen Ton heraus, so dass andere sein

Redemanuskript vortragen mussten. Neben der juristischen Lektüre bewältigte er in der Studienzeit ein umfangreiches Lesepensum und beschäftigte sich intensiv mit religiöser Literatur. Die englischen Christen, mit denen er nun befreundet war, brachten ihm das christliche Schrifttum näher. Während ihn die *Bibel* mit Ausnahme der Bergpredigt nicht beeindruckte, sollte die *Bhagavad-Gita*, das heilige Buch der Hindus, seine Entwicklung entscheidend beeinflussen. Die *Bhagavad-Gita*, was übersetzt heißt: der »Gesang vom Erhabenen«, ist ein Gedicht in 18 Gesängen, in denen allegorisch der Kampf zwischen Gut und Böse in der menschlichen Seele beschrieben wird. Für Gandhi wurde es zu einem persönlichen Lehrbuch, an dem er sich mit seiner Ethik orientierte. Zeit seines Lebens hat er immer wieder diesen Text, Teil des indischen Heldenepos *Mahabharata*, zu Rate gezogen. Dieses umfangreiche Epos ist etwa 2 000 Jahre alt und zählt, gemeinsam mit dem *Ramayana*, zum Kernbestand hinduistischer Überlieferung, der einen Leitfaden für das Leben eines gläubigen Hindus darstellt. Er behandelt alle praktischen und ethischen Aspekte der hinduistischen Gesellschaft (u. a. Wiedergeburt, Kastenwesen). Die *Bhagavad-Gita* ist der zentrale und bedeutendste Teil dieses Epos. Gandhi beschäftigte sich auch mit den Religionsstiftern Buddha und Mohammed. Für

Vgl. S. 98

Geistige Einflüsse, vgl. S. 38 u. 83 ff.

> »Nicht wird er geboren, noch stirbt er jemals. Ins Sein gelangt, wird er nicht wieder aufhören zu sein. Er ist ungeboren, ewig, dauerhaft und uralt. Er wird nicht getötet, wenn der Körper getötet wird. Wie ein Mann abgetragene Kleider ablegt und andere, neue anzieht, so legt auch die Seele die abgetragenen Körper ab und geht in andere, neue, ein.« (Die Vorstellung der Wiedergeburt in der *Bhagavad-Gita*; zit. n. Rau 2005, S. 24)

ihn verband ein wahrer Glaube alle Gläubigen, er stellte aufgrund der Lektüre weder seine eigene Religion in Frage, noch sah er die verschiedenen Ausdrucksformen der Suche nach Gott, nach Sinn und Wahrheit, in einem Konkurrenzverhältnis.

Gandhi war außerdem ein aufmerksamer und unersättlicher

Zeitungsleser. Die Ereignisse in diesem fremden Land faszinierten ihn – und die offene Berichterstattung in den Medien, sollte er doch später selbst einmal ein bedeutender Journalist werden. 1889 streikten in London die Dockarbeiter, durch schlichte Arbeitsverweigerung lösten sie dabei in der Hafen- und Handelsmetropole eine Krise aus. Die Autonomie Irlands wurde in den politischen Zirkeln des Empire erörtert. Anarchisten und Sozialisten diskutierten auf den Straßen und in den Salons. Aus der prallen sozialen und politischen Wirklichkeit dieser Stadt nahm Gandhi ebenfalls viele Anregungen und Einflüsse mit, als aufmerksamer Beobachter studierte er die verschiedenen politischen Strömungen (u. a. Sozialismus, Anarchismus) und die politische Kultur seines Gastlandes, etwa bei der friedlichen Schlichtung des Streiks durch einen Vermittler. 1890 fuhr Gandhi sogar zur Weltausstellung nach Paris und bestieg den Eiffelturm, damals die größte technische Sensation und das höchste Bauwerk der Welt. Im Dezember desselben Jahres bestand er sein juristisches Examen, im Juni des folgenden Jahres wurde Gandhi am Obersten Gerichtshof als Rechtsanwalt anerkannt. Von nun an durfte er überall als Anwalt arbeiten, wo britisches Recht gesprochen wurde. Er nahm Abschied von Großbritannien. Gandhi hatte den harten Alltag des englischen Proletariats beobachten können, aber er hatte auch die Presse-, Meinungs- und Redefreiheit, Demokratie, Toleranz und Vernunft kennen gelernt.

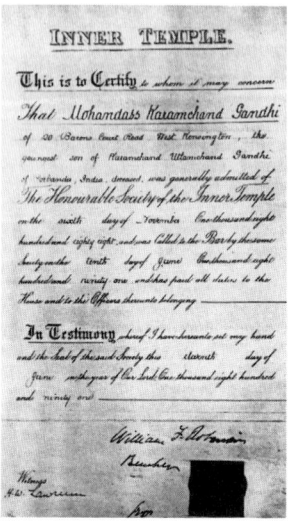

Gandhis Diplom des Inner Temple College in London

Recht und Rassismus (1891-1915)

Erst als Gandhi nach Indien zurückgekehrt war, erfuhr er vom Tod seiner Mutter, die ein Jahr zuvor gestorben war. Die Familie hatte ihm die traurige Nachricht nicht nach London senden wollen. Der Verlust der Mutter schmerzte ihn sehr. Seine Eltern waren ihm immer ein Vorbild an Wahrheitsliebe, Gerechtigkeitssinn, Selbstdisziplin und Glauben gewesen.

Nun hatte er als junger Mann endgültig Verantwortung für die Familie zu tragen. Schließlich waren jedoch alle Vorbereitungen getroffen, um als Farbiger im britischen Kolonialsystem Karriere zu machen: Er verfügte über die entsprechende Bildung, ein Anwaltspatent sowie ein eigenes Büro. Aber Gandhi merkte schnell, dass ihm der Beruf nicht lag. Zum einen war seine Schüchternheit ein großes Problem. Ein Mann, dessen Worte einmal Millionen Menschen (innerlich wie äußerlich) bewegen würden, brachte keinen Ton heraus, wenn er öffentlich sprechen sollte. Zum anderen verfügte er über keinerlei Erfahrung mit der indischen Rechtsprechung. Sechs Monate verbrachte er als Anwalt in Bombay (seit 1996 Mumbai), wohnte den Gerichtsverhandlungen seiner älteren und erfahreneren Kollegen bei, hatte selbst jedoch nicht einen einzigen Fall zu vertreten. Denn um Klienten zu gewinnen, musste man Bestechungsgeld an einheimische Anwaltskollegen zahlen, die daraufhin Fälle abtraten. Gandhi lehnte diese Praxis ab mit der Konsequenz, dass er keinerlei Einkünfte hatte. Als er dann endlich seinen ersten Fall bekam, verlor er vor Gericht bei der ersten Zeugenvernehmung die Nerven und rannte aus dem Saal. Daraufhin ließ er sich als Anwalt in Rajkot nieder, wo sein Bruder bei Hofe einigen Einfluss besaß. Verbittert veröffentlichte er in dieser Zeit einen *Führer nach London*, in dem er konstatierte, ein Studium in Großbritannien sei sinnlos, weil es für einen studierten Inder in seiner Heimat keine Arbeit gebe. Zwar waren alle Untertanen des Empire vor dem Gesetz gleich, doch bekleideten noch 1913 die Briten mehr als 80 Prozent der am höchsten dotierten Posten in Britisch-Indien.

Sein Bruder Lakshmidas war Sekretär und Ratgeber des jungen Prinzen von Rajkot, er ernährte in dieser Zeit die Großfamilie. Gandhi wurde zum zweiten Mal Vater, seine beiden Söhne sollten europäisch erzogen und gekleidet werden. Zum Frühstück gab es Haferflocken und Weißbrot, seine Frau sollte lesen und schreiben lernen wie die Ehefrauen der englischen Rechtsanwälte, die er kennen gelernt hatte. Sein Europaaufenthalt hatte ihn mit den englischen Sitten vertraut gemacht, von denen er einige übernahm, die in seinen Augen

Heimkehr

Familienleben

vernünftig erschienen. Kasturba litt unter diesen Veränderungen, aber sie schwieg. War der Mann aus dem Haus, kehrten alle erleichtert zu ihrem gewohnten Leben zurück. Lakshmidas unterstützte diesen Anpassungsprozess seines Bruders, auf dessen Karriere alle große Hoffnungen setzten. Aber an einen Richterposten war ohne gute Verbindungen und Teilhabe an den politischen Ränkespielen seiner Heimatprovinz nicht zu denken.

Nach seiner Rückkehr aus England wollte Gandhi sich auch mit seiner Kaste wieder versöhnen. Er pilgerte mit seinem Bruder zum Godavari-Fluss und reinigte sich in dessen heiligem Wasser vom Makel seiner Überquerung der »schwarzen Wasser«. Zurück in Rajkot, teilte Lakshmidas dem Kastenältesten mit, sein Bruder habe Buße getan und wolle wieder in die Kastengemeinschaft aufgenommen werden. Diese Bemühungen waren allerdings nur teilweise von Erfolg gekrönt. Gandhis Sühne wurde nicht von allen akzeptiert, in seinem Geburtsort Porbandar sowie in Bombay galt er weiterhin als Kastenloser – und damit auch bei der Verwandtschaft seiner Frau Kasturba. In dieser Zeit lernte Gandhi auch einen jungen Philosophen namens Shrimat Rajchandra kennen, dessen Verbindung von tiefer Gläubigkeit und praktischem Handeln Gandhi faszinierte. Rajchandra war als Juwelenhändler ebenso erfolgreich wie als Dichter und Philosoph, trotzdem lebte er

Vgl. S. 83 f. äußerst spartanisch. Gandhi bezeichnete den jung verstorbenen Freund als einen seiner drei Lehrmeister, Leo Tolstoi und John Ruskin sollten die anderen beiden werden. Für Gandhi war Rajchandras Symbiose von erfolgreicher Berufstätigkeit und spirituellen Erfahrungen lebenslang ein Vorbild, denn die traditionellen Sucher göttlicher Wahrheit in Indien, die Gurus, wandten sich als Asketen vom alltäglichen Leben der Menschen ab.

Es sollte Gandhi jedoch nicht gelingen, in seiner Heimat beruflich Fuß zu fassen. Zwar setzte er Denkschriften und Petitionen für Rechtsanwaltskollegen in seiner Heimatstadt Rajkot auf und verdiente so ein wenig Geld hinzu, aber die Familie hatte sich für sein Studium verschuldet, was ihn sehr belastete. Obendrein ließ ein Streit mit dem »politischen

Agenten«, dem Statthalter der Kolonialmacht, von Rajkot seine Situation zunehmend hoffnungslos erscheinen: Gandhis Bruder musste als Prügelknabe für die Verschwendungssucht des Fürsten herhalten, die auf Kosten der britischen Steuereinkünfte ging. Gandhi wollte als Fürsprecher seines Bruders auftreten, wurde aber stattdessen vom britischen Statthalter Charles Ollivant angebrüllt und hinausgeworfen. Zornig drohte Gandhi ihm in einem Brief mit einer Klage vor Gericht und verlangte eine schriftliche Entschuldigung. Damit hatte sich Gandhi einen einflussreichen Feind geschaffen und alle beruflichen und gesellschaftlichen Chancen in seiner Heimat verspielt. Doch glücklicherweise suchte gerade zu jener Zeit ein Geschäftsmann aus Porbandar, der in Südafrika Handel betrieb, einen rechtskundigen Schreiber. Der Bruder vermittelte, und Gandhi willigte ein. Im April 1893 bestieg er das Schiff, das ihn nach Durban bringen sollte, und wieder blieb seine Familie zurück. Zwar hatte er keine Arbeit als Rechtsanwalt bekommen, aber immerhin tat sich eine Verdienstmöglichkeit in der Ferne auf. Was als kurze Geschäftsreise begann, sollte der wichtigste Abschnitt in seinem Leben werden. Gandhi verbrachte über 20 Jahre in Südafrika. Dort würde er endgültig begreifen, dass er kein distinguierter Gentleman und gleichberechtigter Bürger des Britischen Empire war, sondern ein Mensch zweiter Klasse, für einen Engländer so unberührbar wie die Parias in seiner indischen Heimat.

Eine Dienstreise

Südafrika bestand Ende des 19. Jahrhunderts aus der britischen Kronkolonie Natal und der britischen Kapkolonie. Im Norden gab es die unabhängige Burenrepublik, die sich in eine Republik Transvaal und den Oranje Free State teilte. Etwa 700 000 Europäer hatten sich hier niedergelassen und herrschten über drei Millionen Afrikaner und Asiaten. Da die Sklaverei abgeschafft war und die ortsansässigen Zulus nicht bereit waren, als willige Hilfskräfte zu dienen, holten sich die Briten indische Kontraktarbeiter ins Land, die als sogenannte Kulis fünf Jahre auf den Feldern und in den Plantagen beschäftigt waren. Kuli ist der Name eines Volksstammes im westlichen Indien, von dem sich viele Angehörige als Fremdarbeiter verdingten. Sie bildeten den größten Teil der indischen Gemeinde Südafrikas. Daneben gab es andere Hindus, Muslime und Parsen, die als Kaufleute ihre Geschäfte betrieben und mit den Arbeitern keinen Kontakt pflegten. Weil alle Inder von den Weißen als Kuli bezeichnet wurden, nannten sich die indischen Muslime selbst Araber, die Parsen nannten sich Perser, um der Diskriminierung der dunkelhäutigen Arbeiter zu entgehen. Da englische Anwälte indische Klienten nur sehr nachlässig vertraten, wollte man bei Rechtsstreitigkeiten auf die eigenen rechtskundigen Landsleute zurückgreifen. Im Prozess vor dem Gericht in Pretoria würde es um 40 000 Pfund gehen, die ein entfernter Verwandter Gandhis Auftraggeber Dada Abdullah schuldete. Gandhi sollte ein Jahr als Rechtsbeistand helfen und wurde so zum ersten farbigen Rechtsanwalt in der Geschichte Südafrikas.

Ende Mai kam Gandhi mit dem Schiff in Durban an. Eine Woche später, nachdem er Dada Abdullah kennen gelernt hatte, fuhr Gandhi mit dem Zug von Durban nach Pretoria. Wie er es gewohnt war, fuhr er erster Klasse und war gekleidet wie ein britischer Gentleman zu jener Zeit. Im Zug wollte ein **Erste Erfahrun-** Weißer Gandhis Abteil betreten. Als er den kleinen farbigen **gen mit** Menschen erblickte, stürmte er wortlos davon und be- **Rassismus** schwerte sich beim Schaffner. Der Schaffner ging daraufhin zu Gandhi und bat ihn, im Gepäckwagen Platz zu nehmen. Er weigerte sich unter Verweis auf seine Fahrkarte, worauf der

Die Weststreet in Durban, 1895

Bahnbeamte ihm mit der Polizei drohte. Gandhi lehnte es weiterhin ab, seinen Platz zu verlassen, und wurde in Pietermaritzburg von einem Polizisten aus dem Zug geworfen. Dort, im Bahnhof der Hauptstadt von Natal, verbrachte er eine kalte Nacht im Warteraum. Er fror erbärmlich, wagte jedoch nicht, sich sein Gepäck mit dem warmen Mantel aushändigen zu lassen. Später nannte er dieses bittere Erlebnis der Demütigung und Einsamkeit seine »schöpferischste Erfahrung« im Leben (zit. n. Grabner 2002, S. 59). In jenen finsteren Stunden begriff Gandhi, dass es auch im Britischen Empire ein Kastensystem gab. Formal war er zwar anerkannter Rechtsanwalt und gleichberechtigter Bürger des weltumspannenden Britischen Empire, in der Realität jedoch blieb er ein Kuli, ein farbiger Arbeiter, mit dem kein Brite das Zugabteil teilen wollte. Der hochbegabte Jurastudent aus London musste in der Provinz des Imperiums lernen, dass seine edle Kastenzugehörigkeit in der Welt der weißen Sahibs nichts wert war. Die Erfahrung in Südafrika lehrte ihn, dass er in den Augen der Kolonialmacht niemals gleichberechtigt sein würde – egal, wie sehr er westliche Bildung, westliche Werte oder westliche Kleidung adaptieren würde. Die Demütigung in einem südafrikanischen Zugabteil legte den Grundstein für den späteren gedanklichen und optischen Wandel: das Lendentuch der Ärmsten statt Maßanzug und Melone; wenn schon nur Bürger zweiter Klasse, dann mit aller Entschlossen-

»Es war Winter, der in den höheren Gegenden Südafrikas bitter kalt sein kann. [...] Mein Mantel war im andern Gepäck, aber ich wagte nicht, darum zu bitten [...]. So saß ich denn da und fröstelte. [...] Ich fing an, darüber nachzudenken, was ich zu tun hätte. Sollte ich für mein Recht kämpfen oder nach Indien zurückkehren [...]? Die Belästigungen, die ich persönlich hier zu dulden hatte, waren nur oberflächlicher Art. Sie waren nur ein Symptom der tiefer liegenden Krankheit des Rassenvorurteils. Ich mußte, wenn möglich, versuchen, diese Krankheit auszurotten und die Leiden auf mich zu nehmen, die daraus entstehen würden.« (Gandhi über sein Schlüsselerlebnis in Südafrika; *Mein Leben*, S. 70)

heit. Gandhi war in seiner Haltung konsequent: Entweder bin ich Teil des Systems, oder ich bin es eben nicht. Sollte er die Rassendiskriminierung ertragen wie alle anderen? Oder sollte er sich zur Wehr setzen? Er beschwerte sich zunächst telegrafisch beim Generaldirektor der Eisenbahn und informierte seinen Auftraggeber von dem Vorfall. Aber Dada Abdullah zuckte nur mit den Schultern, dergleichen passiere allen Farbigen in Südafrika. Gandhi war deprimiert, jedoch sollte es noch schlimmer kommen. Den nächsten Abschnitt seiner Reise unternahm er mit der Postkutsche, da man Johannesburg nicht mit dem Zug erreichen konnte. Auch hier durfte er sich nicht zu den weißen Passagieren setzen, sondern musste auf dem Kutschbock Platz nehmen. Als der Schaffner auf den Kutschbock kletterte, um dort eine Zigarre zu rauchen, wollte er Gandhi zwingen, sich auf den Boden zu setzen. Gandhi weigerte sich, woraufhin ihn der Schaffner ins Gesicht schlug und versuchte, ihn vom Kutschbock zu stoßen. Erst das beherzte Eingreifen der Passagiere zugunsten des körperlich völlig unterlegenen Inders beendete den Streit. In Johannesburg löste er wieder ein Zugticket erster Klasse und entging einer erneuten Demütigung nur, da es dem im gleichen Abteil sitzenden Engländer nichts ausmachte, mit einem Farbigen zu reisen. In Pretoria angekommen, wurde er vom Prozessbevollmächtigten freundlich empfangen und machte sich an die Arbeit. Doch bereits eine Woche nach seiner Ankunft organisierte er eine Versammlung aller in Pretoria lebenden Inder und hielt einen langen Vortrag über seine Erlebnisse in Südafrika und die Konsequenzen, die daraus gezogen werden sollten. Es fiel ihm nicht leicht, seine Ängste und Beklemmungen vor dem öffentlichen Auftritt zu bekämpfen, aber seine Wut verlieh ihm Kraft. Sein Vorschlag, eine Interessenvertretung für die Inder zu gründen und sich regelmäßig zu treffen, wurde mit Begeisterung aufgenommen. Gandhi hatte den ersten Schritt vom persönlichen zum organisierten Widerstand geschafft.

Prägende Entscheidungen

In Pretoria las Gandhi zum ersten Mal Tolstoi. Leo Tolstoi war zur damaligen Zeit einer der berühmtesten Schriftsteller der Welt. Er war mit großen Romanen wie *Krieg und Frieden*

Leo Tolstoi, vgl. S. 41 f. u. 84

und *Anna Karenina* zu einem russischen Shakespeare oder Goethe aufgestiegen, hatte aber auf dem Höhepunkt seines Ruhmes mit dem Zarenreich gebrochen und attackierte in seinen Schriften die Bürokratie, das Militär und – obwohl selbst adliger Großgrundbesitzer – die reiche Oberschicht. Nun hatte er sich auf sein Landgut zurückgezogen und lebte so schlicht und genügsam wie die russischen Bauern, deren Kinder er unterrichtete. Er pflanzte Birken und Obstbäume, arbeitete auf den Feldern und aß kein Fleisch mehr. Aus dem Adligen war ein Kämpfer für die Befreiung der Leibeigenen geworden, ein Pazifist und Pädagoge, ein Vorläufer der Ökologiebewegung. Tolstoi wurde aufgrund seiner Kritik von der Polizei des Zaren überwacht, und man erklärte ihn öffentlich für geisteskrank. Dennoch wurde er mit seinen späten Schriften zu einem der Väter der russischen Revolution von 1905. Gandhi hatte sein Werk *Das Reich Gottes ist in euch* gelesen und war tief beeindruckt. Nach Tolstoi lebten die Christen nicht nach den Lehren von Christus, die moderne Zivilisation beruhe auf dem Recht des Stärkeren und leide unter dem Teufelskreis von Gewalt und Gegengewalt. Nur wer sich auf die ewigen Wahrheiten der christlichen Lehre besinne, wer die Liebe, nicht Hass und Gewalt, in den Mittelpunkt stelle, lebe in Einklang mit den Worten des Neuen Testaments. Allein ein solches Leben, geprägt von ursprünglicher Einfachheit und Wahrheit, könne die Menschheit von den Übeln der Lohnsklaverei und des Militärdienstes erlösen. Gandhi fand in Tolstoi einen Bruder im Geiste, der über Gewaltlosigkeit, Gott und die Ehrfurcht vor allem Lebendigen ebenso dachte wie er selbst.

Gandhi erwies sich als äußerst geschickter Verhandlungsführer im Rechtsstreit. Er hatte nach sorgfältiger Analyse der Fakten erkannt, dass sein Auftraggeber zwar im Recht, ein Prozess aber für alle Beteiligten ruinös sein musste. Also verhandelte er mit dem Prozessgegner über einen Vergleich. Dieser Mann hatte Gandhi bereits bei der Organisation der Versammlung geholfen, und so waren sie einander vertraut. Schließlich einigten sich beide Parteien außergerichtlich auf einen Vergleich: Dada Abdullah erhielt sein Geld, aber als Ratenzah-

Erste Erfolge

lung, um den Bankrott seines Schuldners zu verhindern. Mit dieser gütlichen Einigung erwarb sich Gandhi die Anerkennung der indischen Händler, und sein Auftraggeber organisierte im Juni 1894 ein großes Abschiedsessen in Durban. Ein Jahr war seit seiner Ankunft nun vergangen.

Zufällig stieß Gandhi auf einen Artikel im *Natal Mercury*, einer lokalen Zeitung, in dem begründet wurde, warum die Regierung der Kolonie beschlossen hatte, den Indern das Wahlrecht zu nehmen: »Der Asiate entstammt einer Rasse mit abgenutzter Zivilisation, die nicht die geringste Kenntnis von den Prinzipien und Traditionen einer repräsentativen Regierung besitzt. Was seinen Instinkt und seine Erfahrungen betrifft, so ist er ein Kind von politisch rückständigster Art« (zit. n. Grabner 2002, S. 69). Gandhi war wütend, doch als er die versammelte indische Gesellschaft nach ihrer Reaktion auf den Verlust ihrer Rechte als Wähler fragte, sah er wieder nur Ratlosigkeit und Schicksalsergebenheit. Als jemand aus der Menge vorschlug, er solle doch noch bleiben und den Widerstand gegen das Gesetz organisieren, willigte Gandhi ein.

»Ich hatte begriffen, daß es die wahre Aufgabe des Anwalts ist, die Parteien, die der Hader entzweit hat, wieder zusammenzuführen.« (Gandhi über den Anwaltsberuf; *Mein Leben*, S. 86)

Bereits kurz darauf reichte Gandhi gemeinsam mit seinen neuen Freunden, die er in Südafrika gewonnen hatte, beim Parlament eine Petition ein, unterstützt von 500 Landsleuten. Das Parlament verabschiedete dennoch das Gesetz, denn es wollte verhindern, dass die indischen Arbeiter, die sich nach Ende des befristeten Kontrakts in Natal niederließen, an Einfluss gewannen. Es gab bereits so viele Inder in der Kolonie wie Europäer, die Briten wollten jedoch nur billige Kulis, keine neuen Bürger. Gandhi stellte sich diesen Plänen entgegen. Er gründete im August 1894 den Natal Indian Congress (NIC) als Interessenvertretung seiner Landsleute. Diese Organisation mit ihren regelmäßigen Versammlungen und Seminaren förderte die Solidarität der indischen Gemeinde Südafrikas, hier trafen sich Inder aller Religionen und Kasten. Als Anwalt vertrat er juristisch die Interessen der Kaufleute, so dass seine ehrenamtliche politische Arbeit auch finanziell abgesichert war. Eines Tages kam ein Kontraktarbeiter, wie die

Politische Organisation in Natal

überwiegende Mehrzahl der Kulis ein Kastenloser, in seine Anwaltskanzlei. Er war von seinem Herrn geschlagen worden und wollte ihn nun anzeigen. Gandhi brachte ihn zu einem Arzt, der ein Attest ausstellte, das er bei Gericht vorlegte. Ohne auf eine Verurteilung des Briten zu bestehen, handelte er einen Kompromiss aus, der Arbeiter konnte auf eine andere Farm wechseln. Gandhi übernahm weitere Fälle von gepeinigten Kulis, so dass auch die Rechtlosen nun über einen Interessenvertreter verfügten. Damit hatte sich Gandhi auch bei den einfachen Menschen einen Ruf erworben, die sich eine Mitgliedschaft beim NIC nicht leisten konnten. Doch eine neuerliche Schikane der weißen Herren forderte seine ganze Aufmerksamkeit: Es sollte eine jährliche Kopfsteuer von 25 Pfund für Kontraktarbeiter und ihre Familien eingeführt werden, die nach Ablauf des Vertrags in Natal bleiben wollten. Da das durchschnittliche Jahreseinkommen für diese Steuer nicht ausgereicht hätte, wäre die Ausweisung aller freien Arbeiter aus Natal das Resultat gewesen. Der NIC führte eine öffentliche Kampagne gegen das geplante Gesetz, die Steuer wurde auf drei Pfund zurückgenommen. Zwar bedeutete das immer noch eine hohe Summe, aber die Arbeiter konnten bleiben. Gandhi spürte nach drei Jahren in Südafrika, dass er hier noch länger bleiben musste, und fuhr im Juni 1896 nach Indien, um seine Familie nachzuholen. Er hatte zwei Denkschriften über die Situation in Südafrika verfasst, die er nun in Indien drucken und verteilen ließ. Die öffentliche Reaktion war heftig und voller Anteilnahme für die Brüder und Schwestern in der Ferne. Die Tageszeitungen druckten seine Schriften in Auszügen, und Gandhi nahm an vielen Diskussionen und Versammlungen in seiner alten Heimat teil. Überall brachte man ihm Sympathie entgegen, und er lernte die bedeutendsten indischen Politiker seiner Zeit kennen: Bal Gangadhar Tilak und Gopal Krishna Gokhale. Er hatte sich vom einfachen Rechtsanwalt in einen politischen Aktivisten und Journalisten verwandelt.
Als das Linienschiff im Dezember 1896 in Durban anlegte, ließ man die Passagiere nicht von Bord, da es im Gebiet der Hafenstadt Bombay eine Pestepidemie gegeben hatte. Die

Kampf gegen Steuerschikanen

britischen Behörden forderten den Kapitän auf, mit dem Schiff wieder abzulegen, denn überdies herrschte am Hafen Pogromstimmung, da man von Gandhis Kritik an den Zuständen in Natal erfahren hatte und nun vermutete, der Aufrührer käme mit neuen indischen Einwanderern zurück. Gandhi konnte die Mitreisenden überreden, Ruhe zu bewahren und abzuwarten. Es dauerte Tage, bis die Polizei den pöbelnden Lynchmob zerstreuen konnte. Man riet Gandhi, erst nach Einbruch der Dunkelheit das Schiff zu verlassen, doch er folgte diesem Rat nicht und war alsbald von einer wütenden Menschenmenge eingekeilt. Als Gandhi buchstäblich mit **Todesgefahr** dem Rücken zur Wand stand und Schläge und Wurfgeschosse auf ihn einprasselten, bahnte sich eine resolute Dame den Weg durch die Menge und stellte sich schützend vor den kleinen Mann. Es war Mrs. Alexander, die Frau des örtlichen Polizeichefs. Unter Polizeischutz brachte man ihn ins Haus eines Freundes, wo bereits seine Familie in Sicherheit war. Am Abend sammelte sich erneut ein Lynchmob, diesmal vor dem Haus, und forderte in Sprechchören den Kopf von Gandhi. Als Polizist verkleidet gelang es ihm mit Hilfe britischer Geheimagenten, das Haus zu verlassen. Gandhi verzichtete auf die polizeiliche und gerichtliche Untersuchung des Vorfalls und half auf diese Weise, die Lage wieder zu beruhigen.

In den folgenden Jahren konnte Gandhi seine Arbeit als Rechtsanwalt und Vertreter der indischen Minderheit fortsetzen. Die Zahl der diskriminierenden Gesetze stieg. So mussten Händler inzwischen eine Lizenz nachweisen, die sie völlig von der gewährten oder wieder entzogenen Gunst der britischen Beamten abhängig machte. Dennoch glaubte Gandhi immer noch an die demokratischen und rechtsstaatlichen Prinzipien des Britischen Empire, und als die Briten 1899 gegen **Gandhi im Krieg** die Burenrepublik in den Krieg zogen, wollte er seine Loyalität beweisen. Er organisierte eine indische Sanitätereinheit mit 1100 Mann, die teilweise unter Lebensgefahr britische Verwundete auf den Schlachtfeldern barg. Gandhi wie auch andere Beteiligte wurden für ihren Einsatz später mit einem Orden ausgezeichnet. Die britische Öffentlichkeit war beeindruckt, an der Rassendiskriminierung änderte es jedoch nichts. Gandhi hatte gehofft, die indische Minderheit als Gruppe von Staatsbürgern zu präsentieren, die nicht nur ihre Rechte, sondern auch ihre Pflichten ernst nahm. Auch hatte er fälschlicherweise geglaubt, dass in diesem Krieg der Rassismus der Burenrepublik, aus der später das Apartheid-Regime in Südafrika hervorgehen sollte, eine Rolle spiele. Doch die Briten wollten die reichen Gold- und Diamantenminen der Buren und ein britisches Afrika »vom Kap bis Kairo«, es war ein kolonialistischer Feldzug reinsten Wassers. Zu jener Zeit war Gandhi der typische assimilierte Inder, der steife Kragen und bunte Krawatten trug, der mit Messer und Gabel aß und in einer modernen Villa wohnte. Sein Ziel war es, die Inder zu gleichwertigen britischen Bürgern innerhalb des Empire zu machen. Von einem eigenständigen Weg, von Unabhängigkeit und Selbstbestimmung war er zu diesem Zeitpunkt gedanklich noch weit entfernt.

Gandhi griff häufig in die häuslichen Angelegenheiten ein, die nach der tradierten Arbeitsteilung in den Zuständigkeitsbereich der Ehefrau fielen. Er bestimmte, was gegessen und wie es gekocht werden sollte. Er mischte sich, damals ebenfalls ungewöhnlich, in die Erziehung der Kinder ein, und als sein dritter Sohn auf die Welt kam, übernahm er eigenhändig die Pflege des Kindes. Als bei der Entbindung seines vierten Sohnes keine Hebamme zur Stelle war, löste er mit Hilfe eines Handbuchs auch dieses Problem. Da er es ablehnte, dass ein »Unberührbarer« die Nachttöpfe leerte, trugen seine Frau Kasturba und er die Töpfe hinaus. Seine Frau mochte diesen Lebensstil und die Eigenart ihres Mannes gar nicht, sie ertrug still ihr Leid. Doch als sie auch noch den Topf eines »Unberührbaren« reinigen sollte, weigerte sie sich. Gandhi geriet in Zorn und wollte sogar seine Frau aus dem Haus werfen. Erst ihre Verzweiflung, allein in diesem fremden Land ausgesetzt zu sein, ließ ihn zur Besinnung kommen. Als junger Mann war Gandhi durchaus temperamentvoll, in manchen Augenblicken voller Wut oder Leidenschaft und bisweilen ein Tyrann seiner Familie. Erst im Alter wurde er das Sinnbild heiterer Duldsamkeit und milder Weisheit. Gandhi ist nicht einfach Gandhi, sondern Gandhi wurde Gandhi. Es waren

Privatleben

Vgl. S. 50 u. 90

Gandhi und seine
Frau Kasturba,
1915

keineswegs besondere Charaktereigenschaften, die ihn zu dem
Menschen werden ließen, als den man ihn heute erinnert,
sondern seine Lebenserfahrung und seine strenge Selbsterzie-
hung haben ihn in erster Linie geprägt. Sein ganzes Leben
kämpfte er mit unermüdlicher Disziplin und Beharrlichkeit
gegen sich selbst, gegen seine menschlichen Schwächen, um
schließlich alles hinter sich zu lassen, alles zu überwinden,
Vgl. S. 97 f. was ihn auf seinem Weg schwächen konnte: Aggression, Leidenschaft, gesellschaftliche Hierarchien, Besitz, weltliche Ge-
nüsse.

1902 beschloss Gandhi, mit seiner Familie in die Heimat zurückzukehren, um sich in Bombay als Rechtsanwalt niederzulassen und für sein Heimatland politisch aktiv zu sein. Er nahm an der jährlichen Versammlung des Nationalkongresses in Kalkutta (seit 2001 Kolkata) teil. Der Indian National Congress, der bis heute als Partei noch immer großen Einfluss in der indischen Politik hat, war 1885 gegründet worden und galt als Sammelbecken für alle indischen Nationalisten, die die Fremdherrschaft der Kolonialmacht nicht hinnehmen wollten. Zwar gab es zu jener Zeit auch ein indisches Parlament, das jedoch – ebenso wie der deutsche Reichstag bis 1918 – keine Entscheidungen treffen durfte und nur der Artikulation politischer Interessen diente. Auf der Versammlung des Kongresses traf Gandhi auch Gokhale wieder, der sein politischer Mentor werden sollte. Gokhale gehörte dem gemäßigten Flügel des Kongresses an, der auf langfristige Sozialreformen und die schrittweise Selbstfindung Indiens als moderne Nation setzte, während sein Gegenspieler Tilak als Nationalrevolutionär sofort die Ketten der Unterdrückung abwerfen wollte. Indien war in seiner bisherigen Geschichte niemals als Nation geeint gewesen, sondern hatte immer aus vielen rivalisierenden Einzelstaaten bestanden. Aber Gandhi langweilten die endlosen Debatten und fruchtlosen Resolutionen, die der Kongress, nach mühsamem Finden eines politischen Kompromisses, einmütig verabschiedete. Bei seinen nur einmal im Jahr stattfindenden Treffen betrieb der Kongress bestenfalls Salonpolitik, während Gandhi an sichtbaren Veränderungen im Alltag seiner Landsleute interessiert war. Gandhi blieb ein ganzes Jahr in Indien, arbeitete in seiner Praxis, wurde von Gokhale mit vielen Persönlichkeiten des öffentlichen Lebens bekannt gemacht und bereiste das Land. Nun fuhr er bewusst nur noch dritter Klasse mit dem Zug, um die einfachen Menschen besser kennen zu lernen. Überall begegnete ihm das namenlose Elend der Armen, und er begriff, dass sich die Inder nur selbst helfen konnten, denn niemand anderes würde es für sie tun.

Ende 1902 bekam Gandhi ein Telegramm von seinen Mitstreitern in Südafrika, in dem ihm mitgeteilt wurde, der britische Kolonialminister besuche Südafrika. Er solle gegenüber

Erste Heimkehr nach Indien

dem Minister die Interessen der indischen Minderheit vertreten. Vor dem Burenkrieg durften Inder frei in die Burenrepublik einreisen, nach einem neuen Gesetz mussten sie sich nun von den britischen Kolonialbehörden registrieren lassen. Und so überquerte Gandhi wieder einmal den Indischen Ozean. Sein Gespräch mit Joseph Chamberlain in Durban verlief jedoch enttäuschend. Die Probleme der indischen Minderheit interessierten die Briten kurz nach dem Krieg einfach nicht. Gandhi gab jedoch nicht auf und folgte dem Minister nach **Zurück** Pretoria. Dieser weigerte sich jedoch, Gandhi erneut zu emp- **in Südafrika** fangen. Das weckte Gandhis Widerstandsgeist, und er eröffnete in Johannesburg eine Rechtsanwaltspraxis, um die Rechte der Inder in der angegliederten Burenrepublik zu verteidigen. Seine Familie folgt ihm im Dezember 1903. Johannesburg war zu Beginn des 20. Jahrhunderts eine schnell wachsende Goldgräbersiedlung, in der die indischen Kulis in einem erbärmlichen Ghetto lebten. Als unter den indischen Bergarbeitern die Lungenpest ausbrach, kümmerte sich Gandhi persönlich um die Krankenpflege und bezahlte Ärzte und Medikamente. **Vgl. S.79** In dieser Zeit gründete er die Zeitung *Indian Opinion*, die in Englisch und einigen indischen Sprachen erschien und zur wichtigsten Informationsquelle der indischen Gemeinde Südafrikas wurde. Die Druckkosten überstiegen jedoch bald die Einkünfte aus der Kanzlei und des NIC, obwohl Gandhi kein Geld mehr an seinen Bruder in Rajkot überwies und praktisch seine gesamten Einkünfte aus der Kanzlei in seine sozialen und politischen Aktivitäten investierte. Albert West, ein Engländer und Teilhaber einer kleinen Druckerei, übernahm die Verantwortung für die Organisation und den Druck der Zeitung. **Vgl. S.83 f.** Großen Eindruck machte auf Gandhi in dieser Zeit *Unto this last* von John Ruskin, der versuchte, Ethik und Wirtschaft zu verbinden. Inspiriert von seiner jüngsten Lektüre, besprach er seine Vorstellungen mit Freunden und kaufte innerhalb weniger Tage ein Stück karges Land. Unterstützung erhielt er dabei von Henry Pollak, einem englischen Zeitungsredakteur, Albert West, seinem Neffen Mangalal Gandhi sowie von Freunden und Verwandten, die mit ihm eine kleine Siedlung

Leben

> »Ich verstand Ruskins Lehre folgendermaßen: 1. Das Wohl des einzelnen ist in dem Wohl aller enthalten. 2. Die Tätigkeit eines Rechtsanwalts hat den gleichen Wert wie die eines Barbiers, da alle das gleiche Recht haben, sich durch ihre Arbeit ihren Lebensunterhalt zu verdienen. 3. Ein Leben der körperlichen Arbeit [...] ist das wahrhaft lebenswerte Leben.
> Die erste Lehre war mir bereits bewußt. Die zweite hatte ich dunkel gefühlt. Die dritte war mir nie in den Sinn gekommen. [...] Ich erwachte im Morgengrauen, bereit, diese Grundsätze zur Ausführung zu bringen.« (Gandhi über seine Lektüre von John Ruskin; *Mein Leben*, S. 123 f.)

gründen wollten. Gandhi und seine Mitstreiter gaben ihrer zukünftigen Siedlung den Namen »Phoenix« und lebten zunächst in Zelten. Gemeinsam wurden die alltäglichen Arbeiten verrichtet, einfach und anspruchslos sollte das Leben der Gruppe sein. Bald war eine Druckerpresse angeschafft, auf der die Farmbewohner die *Indian Opinion* eigenständig druckten, im Dezember 1904 erschien die erste selbst hergestellte Ausgabe. Die Siedlung sollte als praktisches Vorbild für eine alternative Lebensweise dienen. Aus Zelten wurden Häuser, und bald war die Farm wirtschaftlich autark. Gandhi arbeitete weiterhin als Rechtsanwalt, musste jedoch zurück nach Johannesburg, wo die Menschen so dringend seine juristische Hilfe benötigten. Ihm wurde klar, dass er auch diesmal nicht so schnell Südafrika verlassen würde. Also holte er 1905 seine Frau und drei seiner Söhne erneut nach, der älteste Sohn blieb in Rajkot. Hatte er bei der ersten Familienzusammenführung nach seiner Rückkehr aus Großbritannien seine Familie mit einem westlichen Lebensstil drangsaliert, führte er nun in ihrem Haus in Johannesburg, sehr zum Leidwesen seiner Frau, die spartanische Lebensweise der Phoenix-Siedlung ein. Das Getreide wurde selbst gemahlen, das Brot selbst gebacken, den täglichen Arbeitsweg von neun Kilometern ging Gandhi zu Fuß.

1906 eröffneten die Briten einen Vernichtungsfeldzug gegen die Zulus, die Ureinwohner Südafrikas. Wieder hatte Gandhi

Die Phoenix-Siedlung

eine Sanitätereinheit zusammengestellt, diesmal nur 24 Mann, und sah das Abschlachten der nur mit Speeren bewaffneten Menschen aus nächster Nähe. Er begriff, mit welcher Brutalität die Kolonialherren gegen ihre Schutzbefohlenen vorgingen. Worte und Taten der Briten waren nicht eins, die Einheit von Denken, Reden und Handeln war für einen Menschen mit fast naiv zu nennender Aufrichtigkeit wie Gandhi aber der Wesenskern eines Lebens in Einklang mit Gott und seiner Schöpfung. Obwohl er verwundeten Schwarzen wie Weißen gleichermaßen half, blieb dennoch ein tiefes Unbehagen zurück. In dieser Situation fasste er den Beschluss, ein Keuschheitsgelübde abzulegen. Die Entscheidung hatte weniger mit der konkreten Situation zu tun als mit seinem Zwiespalt, sich einerseits politisch engagieren zu wollen und andererseits familiären Verpflichtungen nachkommen zu müssen. Gandhi hatte bereits vor seiner Abreise nach London ein solches Gelübde abgelegt und es nicht gebrochen. Jetzt dehnte er die Zeit der sexuellen Enthaltsamkeit auf den Rest seines Lebens aus. Seine Frau wollte, nachdem sie vier Kinder zur Welt gebracht hatte, ohnehin keine weitere Schwangerschaft. Gandhi wollte sich von seiner Leidenschaft, von seinem Temperament erlösen, sich selbst und die eigene Familie ganz zurücknehmen, um sich vollständig seiner politischen Arbeit widmen zu können und damit all seine Kraft in den Dienst der Gemeinschaft zu stellen. Die Gemeinschaft seiner Mitstreiter sollte nun zu seiner Familie werden. Hinzu kam, dass Gandhi sich als Hindu in einer Lebensphase sah, da er nach den Stufen »Student« (»Brahmachari«) und »Haushaltsvorstand« (»Grihasta«) die Stufe des »Ruhestands« (»Vanprastha«) erreicht hatte. Die vierte Stufe sollte er erst im Alter erleben, die Stufe des asketischen Wandermönchs, der völlig im Einklang mit sich selbst und Gott ist (»Sannyasi«). Gandhi war von dem Glauben beseelt, dass er seine Energien bündeln und in eine Art spirituelle Energie verwandeln könne, die der Gewalt und der Ungerechtigkeit Einhalt gebot. Er war der Meinung, dass die Suche nach Wahrheit und Gerechtigkeit Berge versetzen könne, auch wenn er gelegentlich zweifelte, ob sein Glaube und seine spirituelle Energie dafür ausreichten.

Das Gelübde (margin note)

Vgl. S. 96

Leben

Im gleichen Jahr erließen die Briten im Transvaal ein Gesetz, wonach sich jeder Asiate registrieren lassen musste. Es wurden Fingerabdrücke genommen, und der Meldeschein musste stets mitgeführt werden. Gandhi rief eine Versammlung ein, auf der 3000 Inder schworen, dieses Gesetz zu brechen. Er reiste als Vertreter der indischen Minderheit nach London, um den zuständigen Minister zu treffen. Dort empfing man ihn überall freundlich, sicherte ihm Unterstützung zu, und die englische Presse druckte wohlwollende Artikel. Zurückgekehrt nach Südafrika, konnte sich Gandhi als Gewinner fühlen: Die britische Regierung würde diesem Gesetz die Zustimmung verweigern. Doch am 1. Januar 1907 erhielt die Transvaal-Provinz politische Autonomie, Gesetzesvorhaben bedurften nur noch formal der Zustimmung der britischen Krone, und das diskriminierende Meldegesetz wurde vom Parlament beschlossen. Den indischen Einwanderern schlug nun der unverhohlene Rassismus der Buren entgegen: »Der asiatische Krebsschaden, der sich schon so tief in Südafrikas lebenswichtige Organe eingefressen hat, muss nun entschlossen ausgerottet werden«, wie es der ehemalige Burengeneral Smuts formulierte (zit. n. Grabner 2002, S. 104). Gandhi erinnerte seine Landsleute an ihr Gelübde, sich dem Gesetz nicht zu beugen, und tatsächlich ließen sich nur 100 der 1500 Inder in Pretoria registrieren. Smuts, inzwischen Innenminister, verlängerte die Meldefrist, aber nur eine verschwindend kleine Minderheit beugte sich dem Ultimatum trotz drohender Gefängnisstrafen und Deportation. Die wöchentlich erscheinende *Indian Opinion* entwickelte sich in der Zwischenzeit zum Sprachrohr der Bewegung, und ihre Auflage stieg unaufhaltsam. Gandhi schrieb regelmäßig für die Zeitung, seine Artikel gaben den verstreut lebenden indischen Gemeinden Selbstbewusstsein und Kraft.

Den gewaltlosen Widerstand gegen die rassistischen Staatsorgane in Südafrika, diesen bürgerlichen Ungehorsam gegen ungerechte Gesetze bezeichnete Gandhi als »Satyagraha«, zu Deutsch: »Festhalten an der Wahrheit« oder »Kraft der Wahrheit«. Gandhi nannte diese Wortschöpfung aus »Agraha« (Festigkeit, Stärke) und »Satya« (Wahrheit) auch »Kraft der

Widerstand gegen das Meldegesetz

Liebe« oder »Kraft der Seele«. Darin drückte sich seine Überzeugung aus, dass die Suche nach Wahrheit nicht gewalttätig
sein dürfe, sondern der Gegner mit Geduld und Freundlich-
keit von seinem Irrtum überzeugt werden müsse. Die Wahrheit könne nicht verteidigt werden, indem man seine Gegner
leiden lässt, sondern indem man um der Wahrheit willen
selbst leidet. Satyagraha sei mehr als passiver Widerstand, es
sei keine Strategie bloßer Erduldung von Unrecht, sondern
eine Methode, den Kampf für ein gerechtes Ziel gewaltfrei zu
gewinnen, so Gandhi in der Zeitung *Young India* vom 14. Januar 1920. Gandhi hatte damit ein politisches Instrument
entwickelt, das völlig seinen Idealen von »ahimsa« (Gewaltlosigkeit) und Religion als Verbindung von Gedanke, Wort und
Tat entsprach. Auf das Selbstverständnis der indischen Gemeinde hatten seine Überlegungen entscheidenden Einfluss,
denn nun wandelten sie, die verachteten Kulis, die Verachtung, die ihnen entgegenschlug, in eine besondere Form der
Selbstachtung um und traten erhobenen Hauptes den militärisch überlegenen Europäern entgegen. Smuts drohte Gandhi
mit Haftstrafe, doch vergeblich. Ende Dezember 1907 gingen
Gandhi und 24 seiner Weggefährten wegen Verstoßes gegen
das Meldegesetz ins Gefängnis. Zum ersten Mal stand er als
Angeklagter vor Gericht und nicht als Anwalt. Vor dem Ge-
richtsgebäude demonstrierten seine Landsleute, weitere Anhänger ließen sich verhaften, und Ende Januar saßen bereits
155 Inder im Gefängnis. Die Satyagraha-Bewegung hatte begonnen.

Den zweimonatigen Gefängnisaufenthalt nutzte Gandhi zur
Lektüre. Die *Bhagavad-Gita*, die *Bibel* und der *Koran* gehör-
ten zu seinen ständigen Begleitern. Ein Buch aber faszinierte
ihn besonders: Henry David Thoreaus Essay über bürgerlichen Ungehorsam. Der Amerikaner Thoreau hatte zwei
Jahre allein in einer selbstgebauten Hütte im Wald gelebt, er
wollte unabhängig von den bürgerlichen Institutionen Staat
und Kirche nach anderen Existenzmöglichkeiten suchen. Als
er für kurze Zeit in seinen Heimatort Concord zurückkehrte,
wollte er seine neu erworbene Freiheit nicht aufgeben und
weigerte sich 1845 aus Protest gegen die Sklaverei und den

Satyagraha *(Randbegriff)*

Vgl. S. 19 u. 83 ff. *(Randnotiz)*

Henry David Thoreau *(Randbegriff)*

Krieg mit Mexiko, Steuern zu zahlen. Dafür ging er ins Gefängnis, wenn auch nur für einen Tag. In seinem Buch forderte er die Leser zum Widerstand gegen die Sklaverei und andere Ungerechtigkeiten auf. Gandhi war begeistert, ähnlich wie Ruskin und Tolstoi inspirierten ihn die Gedanken Thoreaus, die geistige Verwandtschaft zwischen dessen bürgerlichem Ungehorsam und seiner Idee der Satyagraha war unverkennbar. Aber während Thoreau und Tolstoi Aussteiger waren, die eine von ihnen als gottlos und menschenunwürdig empfundene Gesellschaft hinter sich lassen wollten, war Gandhi ein ›Einsteiger‹, der sich mit wachsender Breitenwirksamkeit – seiner anfänglichen Schüchternheit zum Trotz – immer stärker mit den sozialen Problemen seiner unmittelbaren Umgebung befasste. Er war ein »karmayogi«, ein praktischer Idealist, der durch selbstloses Handeln wirken wollte. Er war kein Prediger, sondern ein Praktiker. So wie Tolstoi seine Erkenntnisse und Erfahrungen bruchlos in eine neue Lebensform gegossen hatte, wollte auch Gandhi sein ganzes Dasein nach seinen Vorstellungen ausrichten.

Gandhi suchte im Gefängnis nach einem Kompromiss, einem Ausweg aus dem Konflikt zwischen der indischen Minderheit und den Behörden, der beide Seiten das Gesicht wahren ließe. Also schlug er nun öffentlich vor, alle Inder sollten sich als Zeichen des guten Willens registrieren lassen, woraufhin die Regierung dann im Gegenzug das Meldegesetz außer Kraft setzen sollte. Smuts war über diese Naivität Gandhis vermutlich amüsiert und willigte selbstverständlich ein, so dass Gandhi aus dem Gefängnis entlassen wurde. Aber nicht alle Inder hatten Vertrauen in das gegebene Wort des rassistischen Ex-Generals, und als Gandhi sich registrieren lassen wollte, wurde er vor dem Meldebüro von Gegnern der Registrierung brutal zusammengeschlagen. Dennoch ließ er sich später, während er noch seine Verletzungen auskurierte, von den Beamten registrieren. Nachdem die meisten Inder der Meldepflicht nachgekommen waren, konnte sich Smuts – wie viele Politiker vor und nach ihm – an sein gegebenes Wort nicht mehr erinnern. Erst jetzt begriff Gandhi, dass er von dem Burengeneral getäuscht worden war. Immer wieder sollte sich

auch in Zukunft zeigen, dass Gandhi eine geradezu aufrei-
zende Naivität an den Tag legen konnte, wenn es darum ging,
seine eigenen hohen Maßstäbe von Aufrichtigkeit und moralischer Integrität auf andere Menschen zu übertragen. Er
selbst spielte nie ein doppeltes Spiel und erwartete dies auch
ganz selbstverständlich von seinen Verhandlungspartnern auf
britischer Seite. Dass er oft enttäuscht wurde, verwundert
nicht, denn er war kein Politiker, musste aber immer wieder
mit Politikern verhandeln, die mit diplomatischer List oder
schlichter Lüge ihren kurzfristigen Vorteil suchten. Doch
Gandhi reagierte: Im August 1908 versammelten sich Tausende Inder in Johannesburg und verbrannten gemeinsam
ihre Meldescheine. Ab diesem Zeitpunkt wich Gandhi vom
Weg des Satyagraha nicht mehr ab, egal, was auch passieren
mochte. Selbst als zu diesem Zeitpunkt seine Frau ernsthaft
erkrankte, blieb er vor Ort und organisierte den Widerstand.
Weitere öffentliche Aktionen folgten: Neben der Verbrennung der Meldescheine wurden Anhänger Gandhis in Gruppen organisiert, die aus Natal in den Transvaal einreisten, um
sich dort verhaften zu lassen. Gandhi selbst wurde zu zwei
Monaten Zwangsarbeit verurteilt, weil er die Grenze zum
Transvaal überschritten hatte und sich nicht registrieren lassen wollte. Er hätte nur eine Geldstrafe zahlen müssen und
wäre ein freier Mann gewesen, entschied sich aber dafür, aus
Solidarität mit 250 seiner Satyagrahis im Gefängnis auszuhar-
ren. Als er im Dezember 1908 schließlich entlassen wurde, war
seine Frau schwer krank. Er pflegte sie selber gesund und
setzte anschließend seine politischen Aktivitäten fort: Wieder
fuhr er an die Grenze und ließ sich erneut verhaften. Inzwischen versuchte man die indische Minderheit einzuschüch-
tern, indem man die Geschäftstätigkeit der Inder behinderte
oder ihnen Aufenthaltsgenehmigungen verweigerte. Für die
indischen Geschäftsleute hatte sich der Widerstandskampf
mittlerweile zu sehr radikalisiert, und sie entzogen Gandhi
ihre Unterstützung. Das bedeutete für ihn einen herben Verlust, denn seine eigenen Ersparnisse waren nach den vielen
Monaten im Gefängnis aufgezehrt, und er verfügte nach Aufgabe seiner Anwaltspraxis über keine regelmäßigen Einkünfte

Politische
Naivität

Leben

mehr. Daher entschloss er sich, 1909 wieder nach London zu reisen in der Hoffnung, dort etwas für die Minderheit erreichen zu können, zu deren Führer er längst geworden war. Aber die Briten zeigten sich an seinen Argumenten nicht interessiert. Stattdessen traf er in London indische Revolutionäre, die mit terroristischen Mitteln die Briten aus ihrem Land vertreiben wollten. Diese Gespräche mit Vertretern des radikalen Flügels des indischen Nationalkongresses sowie die Diskussionen mit seinem alten Freund Dr. Pranjivan Mehta bewogen ihn, seine Überlegungen auszuarbeiten. In *Indische Selbstverwaltung (Hind Swaraj)*, dessen Übersetzungen in indische Sprachen von den Briten sofort verboten wurden, kritisiert Gandhi in aller Schärfe die westliche Zivilisation und das Kolonialregime in Indien. Moralisches Wachstum sei wirtschaftlichem Wachstum vorzuziehen, alle moderne Technologie wie Eisenbahn oder Telegrafie, aber auch Wissenschaft und Rechtssystem müssten verschwinden, die Menschen sollten alle so einfach leben wie die Bauern. Die Fremdherrschaft und die wirtschaftliche Ausbeutung des Landes könne man durch konsequente Verweigerung der Zusammenarbeit mit den Briten beenden, denn der Bestand der britischen Herrschaft beruhe nur auf der willigen Mithilfe der Inder. Gandhi hatte seinem großen Idol Tolstoi einen Brief geschrieben und von seiner Bewegung des zivilen Ungehorsams berichtet, woraufhin ihn Tolstoi in seiner Antwort zur Weiterarbeit ermutigte. In einem zweiten Brief schickte Gandhi ihm die englische Ausgabe seines Buches. Da nur die indische Oberschicht Englisch verstand, hatten die Briten den Druck der englischen Ausgabe nicht verboten. Tolstoi las kurz vor seinem Tod 1910 *Indische Selbstverwaltung* und fand seine eigenen Ideale und persönliche Zivilisationskritik in Gandhis Schrift wieder. Gandhi

Hind Swaraj,
vgl. S. 79 f.

Gandhis Brief an Tolstoi vom 4. April 1910

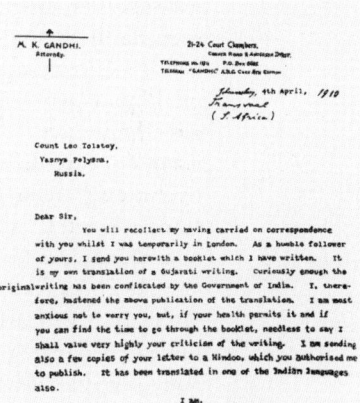

fühlte sich von der Antwort des Schriftstellers in seinem Handeln bestätigt, denn Tolstoi hatte seine Praxis des gewaltlosen Widerstands in Südafrika als ein Experiment von größter Wichtigkeit für die Entwicklung der ganzen Menschheit bezeichnet.

Gandhi kehrte in den Transvaal zurück, da er General Smuts das Feld nicht kampflos überlassen wollte. Allerdings trat nun ein ganz praktisches Problem auf: Er besaß im Transvaal weder eine Bleibe noch eine Einkommensquelle, denn seine Anwaltspraxis und seine Wohnung hatte er aufgegeben. Aus dieser Situation half ihm einer seiner Freunde in Johannesburg, der erfolgreiche Architekt und deutsche Jude Hermann Kallenbach. Er stellte Gandhi und seinen Anhängern im Mai 1910 eine Farm zur Verfügung, auf der sie den Selbstversuch der Phoenix-Siedlung, also die praktische Umsetzung seiner Ideale von gemeinschaftlicher Selbstversorgung und Besitzlosigkeit, weiterführen konnten, ohne dass Gandhi nach Natal zurückkehren musste. Ohne Kallenbachs großzügige und aktive Hilfe wäre die Fortsetzung des gewaltfreien Kampfes äußerst schwierig geworden. Gandhi und Kallenbach gaben der

Die Tolstoi-Farm neuen Siedlung den Namen »Tolstoi-Farm«. Hier sollten die Lehren Tolstois und Ruskins auf einer größeren Fläche verwirklicht werden als in der Phoenix-Siedlung. Das Ziel war wirtschaftliche Autarkie: Was die Bewohner benötigten, sollte in Eigenarbeit hergestellt werden. Nahrung und Kleidung produzierte man selbst, alle beteiligten sich an der Feldarbeit und an handwerklichen Tätigkeiten wie der Herstellung von Sandalen, Naturheilmittel ersetzten Medikamente, und am Nachmittag unterrichtete Gandhi persönlich die Kinder. Gandhi liebte Kinder, und die Kinder liebten ihn, sein Humor ließ sie das karge Leben und die strenge Disziplin der Gruppe ertragen. Im Jahre 1912 legte Gandhi ein feierliches Gelübde ab und verzichtete fortan auf jeglichen Privatbesitz. Er hatte seine alltäglichen Bedürfnisse auf das absolut lebensnotwendige Minimum reduziert und zog die Konsequenzen aus seinen Erfahrungen.

Es gehörte zu einer seiner Maximen, dass er jede Idee, die er umsetzen wollte, zunächst an sich selbst ausprobierte, sie da-

Leben

durch vorlebte und nicht nur darüber sprach. Denn er wollte immer an seinen Taten gemessen werden, nicht an seinen Worten. »Mein Leben ist meine Botschaft« (Iyer 1986, S. 37), hat er einmal geschrieben. Aus seinen *Experimenten mit der Wahrheit*, wie er seine Autobiographie nannte, sollten andere Menschen ihre Schlüsse ziehen. Sie sollten aus seinen positiven und negativen Erfahrungen etwas lernen, um es vielleicht einmal selbst besser zu machen als er. Und viele Menschen folgten seinem Beispiel.

> »Ich erkannte [...], daß ich selber gleichsam ein ständiger, leibhaftiger Anschauungsunterricht für die Knaben und Mädchen sein mußte, die mit mir zusammenlebten. So wurden sie wiederum *meine* Lehrer, und ich sah mich schon um ihretwillen genötigt, gut zu sein und rechtschaffen zu leben.« (Gandhi über sich als lebendes Vorbild; *Mein Leben*, S. 139)

Die indische Minderheit setzte ihren Kampf fort, und auf der Tolstoi-Farm schulte Gandhi seine Mitstreiter. Seine Angehörigen in Rajkot fragten ihn, warum er sie nicht mehr finanziell unterstützte. Aber Gandhi hatte alle Verbindungen zur bürgerlichen Welt gekappt, weltliche Dinge wie Geld interessierten ihn nicht mehr. Er wollte leben wie ein einfacher Inder, nicht wie ein britischer Gentleman. Gokhale besuchte ihn in dieser Zeit auf der Farm. Er führte mit den führenden Burenvertretern politische Gespräche über die Lage der Inder in Südafrika, die allerdings in leeren Versprechungen der Regierenden endeten. Die Lage sollte sich jedoch noch weiter zuspitzen: Auf der Basis eines Gerichtsurteils, bei dem es um die Einreise der Ehefrau eines Inders gegangen war, wurden nun nur noch christliche Ehen als gültig anerkannt. Mit einem administrativen Schlag lebte die gesamte indische Gemeinde, lebten Hindus und Muslime als Sünder und im Konkubinat, ihre Kinder galten offiziell als unehelich geboren und damit auch nicht erbberechtigt. Gandhi rief seine Landsleute in einer Versammlung zu passivem Widerstand auf, indische Arbeiter in den Bergwerken und auf den Plantagen traten in den Streik. Auch die Frauen, entehrt durch das Gerichtsurteil der

Kolonialherren, agitierten in den Betrieben. Der Staat reagierte mit Gewalt, die Frauen wurden ins Gefängnis geworfen, auf die streikenden Arbeiter eröffnete man das Feuer.
Aber die indische Gemeinde beugte sich nicht der Gewalt:
Tausende Männer, Frauen und Kinder versammelten sich vor
dem Gefängnis, in dem die Frauen saßen. Smuts wartete ab
und hoffte, der Hunger würde die Menge auseinander trei-
ben. Aber Gandhi führte seine Satyagrahis zur Grenze nach
Natal, um eine Massenverhaftung zu provozieren. Er wurde
auf diesem spektakulären Marsch mehrfach festgenommen
und wieder freigelassen, ohne dass dies seine Bewegung geschwächt hätte. An der Grenze angekommen, erwartete sie
ein riesiges Polizeiaufgebot. Gandhi wurde erneut verhaftet
und zu neun Monaten Gefängnis in Bloemfontein im Oranje
Free State verurteilt, Kallenbach und andere Mitstreiter lan-
deten ebenfalls vor Gericht und anschließend im Gefängnis.
Die Menge blieb friedlich, wurde mit dem Zug zurückge-
bracht und als Gefangene in Bergwerken interniert, da die
Gefängnisse längst überfüllt waren. Doch die Weltöffentlich-
keit war bereits aufmerksam geworden, und britische Politiker
wie der Vizekönig von Indien, das Oberhaupt der britischen
Kolonialverwaltung, protestierten gegen die Behandlung der
Inder. Smuts installierte daraufhin eine Untersuchungskommission, die sich der Vorfälle annehmen sollte, aber nur weiße
Mitglieder hatte. Gandhi, inzwischen wieder freigelassen, verweigerte die Zusammenarbeit. Zu jener Zeit traten die südafrikanischen Eisenbahnarbeiter in den Streik, ein Ereignis,
das zwar nichts mit dem gewaltlosen Kampf der indischen
Minderheit zu tun hatte, Gandhi aber dennoch bewog, die
Satyagraha für die Dauer des Eisenbahnerstreiks einzustellen,
weil er keinen geschwächten Gegner attackieren wollte. So
viel Edelmut schien selbst einen rassistischen General wie
Smuts zu beeindrucken, denn Kopfsteuer und Meldepflicht
wurden abgeschafft, die Ehen für gültig erklärt, indische Ein-
wanderung erlaubt und die Widerstandskämpfer aus den Ge-
Später Triumph   fängnissen entlassen. Gandhi hatte Anfang 1914 seine politischen Ziele weitgehend erreicht.
Im Jahr 1914 begann der Erste Weltkrieg, der große europäi-

sche Bürgerkrieg zwischen den Nationalstaaten, der letztlich erst 1945 in den rauchenden Trümmern und Ruinen der sogenannten westlichen Zivilisation beendet wurde. Obwohl weit entfernt von den Schlachtfeldern Europas, stellte Gandhi erneut eine Sanitäreinheit auf, die er aber aus gesundheitlichen Gründen nicht selbst unterstützen konnte. Er spürte, dass mit seinem Erfolg in Südafrika auch ein Kapitel zu Ende ging. Aus einem schüchternen Rechtsanwalt war ein mutiger Widerstandskämpfer geworden, aus gedemütigten Kulis stolze Bürger, die für ihre Rechte kämpften. Während er in Südafrika eine Minderheit von kaum 50 000 Menschen vertreten hatte, warteten in Indien Hunderte Millionen Menschen darauf, in Freiheit und Würde leben zu können. Ihrem Kampf um Selbstbestimmung sah er sich verpflichtet und hatte das Gefühl, dass er nun in seiner Heimat dringender benötigt wurde als in Südafrika. Die Tolstoi-Farm war schon 1913 aufgelöst worden, als sich alle Bewohner im Widerstandskampf befanden, in der Phoenix-Siedlung lebte sein zweiter Sohn Manilal, der die Arbeit von *Indian Opinion* weiterführte. 1915 kehrte Gandhi nach Indien zurück, und diesmal sollte es für immer sein.

Abschied
von Südafrika

Das Salz der Erde (1915-1934)

Wie kam es eigentlich, dass ein so großes Land wie Indien von einem so kleinen Land wie Großbritannien aus weiter Ferne beherrscht werden konnte? Mitte des 18. Jahrhunderts hatte Indien etwa 150 Millionen Einwohner, Großbritannien hingegen nur fünf Millionen. Lange Zeit war Indien ein gefragter Handelspartner Europas. Venedig lag am Ende der Handelsroute, auf der östliche Gewürze, Edelsteine und Textilien gegen westliches Edelmetall eingetauscht wurden. Im 16. Jahrhundert begannen die Portugiesen mit ihrer Handelsflotte das profitable Geschäft zu kontrollieren und die Zwischenhändler auf der Landroute auszuschalten, bevor sie später von den navigatorisch und schiffsbautechnisch überlegenen Holländern abgelöst wurden. Auch die Briten errichteten bald darauf eigene Handelsstützpunkte, denn indische Erzeugnisse fanden einen stetig wachsenden Absatz, so dass Umsätze und Ge-

winne im Warenaustausch mit Indien kräftig wuchsen. Im 18.
Jahrhundert kam noch der Handel mit Tee dazu, den die Briten mit den im Indienhandel erzielten Gewinnen in China er-
warben und ebenfalls global vertrieben (seit Mitte des 19.
Jahrhunderts legten sie in Indien auch eigene Teeplantagen
an). Aber selbst in diesen Zeiten des wirtschaftlichen Auf-
schwungs beschränkte sich der Einfluss der Europäer auf die
Handelsniederlassungen an der Küste. Erst ihre wachsende
gegenseitige Konkurrenz, namentlich von Briten und Franzosen, machte es notwendig, auch das Hinterland zu kontrollieren, in dem die begehrten Exportwaren hergestellt wurden.
Zunächst in Bengalen, dann in anderen Provinzen machte
man die Provinzfürsten im damals – nach dem Zerfall des
Mogulreichs – politisch zersplitterten Indien zu Vasallen, die
der britischen Krone tributpflichtig waren. Die Franzosen

Landkarte des
indischen Sub-
kontinents

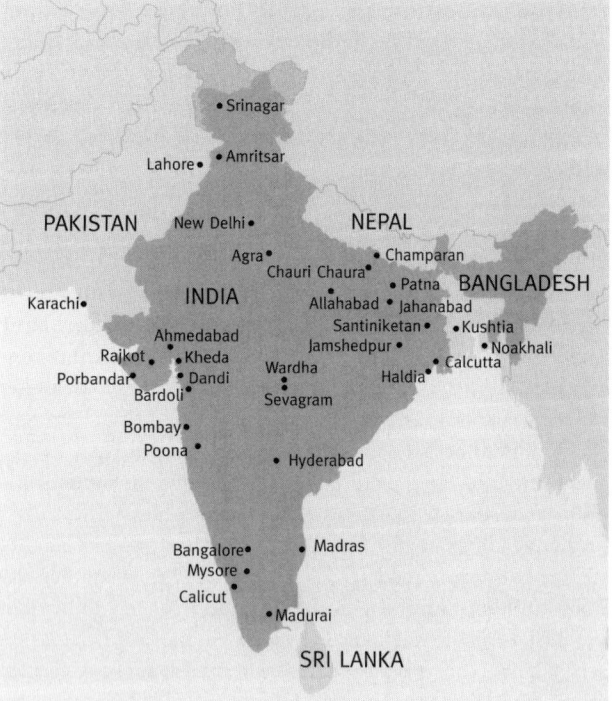

wurden 1760 militärisch besiegt und allmählich aus dem Indienhandel verdrängt. Das Britische Empire durchdrang im folgenden Jahrhundert den gesamten Subkontinent und erklärte Indien 1858 schließlich zur britischen Kronkolonie, Queen Victoria wurde Kaiserin von Indien.

Als Gandhi aufwuchs, begann die indische Bevölkerung gerade, sich von der britischen Fremdherrschaft zu emanzipieren. Bereits 1857 hatte es im Norden einen blutigen Aufstand indischer Söldner und Bauern gegeben (Sepoy-Aufstand). Die verwaltungstechnische Teilung Bengalens in eine Muslim- und eine Hinduprovinz 1905 empörte die Bevölkerung, die daraufhin britische Waren und das britische Bildungssystem boykottierte; 1911 wurde die Teilung wieder aufgehoben. Indien war jedoch immer noch, ähnlich wie Europa, gesellschaftlich, politisch, ökonomisch und religiös tief gespalten und überdies den britischen Herrschern technologisch wie organisatorisch völlig unterlegen – indische Kriegselefanten hatten gegen europäische Gewehre und Kanonen keine Chance. In einer Zeit, in der die gesamte Welt von den Kolonialmächten aufgeteilt wurde, hatte Indien nie wirklich eine Wahl: An ein unabhängiges und geeintes Indien war in Gandhis Jugendzeit nicht zu denken.

Gandhi kehrte im Januar 1915 in ein bitterarmes Land zurück, das nach Missernten oder Naturkatastrophen schwere Hungersnöte zu durchleiden hatte, wie wir sie heute nur noch aus Afrika kennen. Die durchschnittliche Lebenserwartung eines Inders betrug zu dieser Zeit durch die hohe Kindersterblichkeit nur 23,5 Jahre. Gandhi, der mehr als die Hälfte seines Lebens im Ausland verbracht hatte, wurde bei seiner Ankunft als Volksheld begrüßt. Der indische Literaturnobelpreisträger Rabindranath Tagore schrieb zur Begrüßung ein Gedicht für Gandhi, in dem er ihn als »Mahatma«, die große Seele, bezeichnete. Er beherbergte ihn und einige seiner Weggefährten von der Phoenix-Siedlung wie Mangalal Gandhi in seinem Haus, das er »Oase des Friedens« nannte. Aber Gandhi sah sich selbst nicht als Heiligen, sondern als einen Mann der Praxis, des versuchenden Handelns. Sein Mentor Gokhale, der kurz darauf verstarb, hatte ihm bei seiner Ankunft noch

Zweite Heimkehr

> »Schließlich kann kein Volk auf Erden unterjocht werden, ohne daß es freiwillig oder unfreiwillig daran mitwirkt. Es bedeutet unfreiwillige Mitwirkung, wenn man sich aus Furcht vor [...] einem Tyrannen oder Despoten unterwirft. [...] Darum habe ich es unternommen, in Indien das alte Gesetz der Selbstaufopferung wieder aufzurichten. Denn Satyagraha und ihre Schößlinge Nicht-Zusammenarbeit und ziviler Widerstand sind nur neue Namen für das Gesetz des Leidens.« (Gandhi über den Freiheitskampf; Mahatma Gandhi, *Gewalt überwinden – aus dem Geist handeln*, S. 59 f.)

geraten, ein Jahr lang zu politischen Fragen zu schweigen und durch Indien zu fahren, um das Land kennen zu lernen. Diesem Rat folgte Gandhi und bereiste gemeinsam mit seiner Frau den Subkontinent. Dabei fuhren sie wie Bauern oder kleine Händler mit der Eisenbahn in der dritten Klasse. Gandhi ließ sich schließlich mit Familie und Weggefährten in Ahmedabad nieder, der Hauptstadt seiner Heimatprovinz Gujarat im Westen des Landes. Hier, am Ufer des Sabarmati, gründete er einen Ashram, in dem zunächst 25 Menschen lebten. Ein Ashram ist nach indischer Tradition der Wohnort eines heiligen Mannes, der dort entweder als Eremit oder gemeinsam mit seinen Schülern lebt. Gandhi sah sich natürlich nicht als Heiligen, aber der Sabarmati-Ashram sollte vorbildhaft das Leben zeigen, das sich Gandhi für sein ganzes Land wünschte. Ähnlich wie in Gandhis vorherigen Siedlungsgemeinschaften in Südafrika verpflichteten sich die Bewohner zu Gewaltlosigkeit, Enthaltsamkeit, Besitzlosigkeit und unbedingter Ehrlichkeit. Die Nahrung erwirtschaftete man wie die Bauern durch Feldarbeit, an der sich alle beteiligten. Die Kleidung wollte man selbst herstellen. Ahmedabad war einmal das Zentrum der Weber gewesen und blickte auf eine lange handwerkliche Tradition im Weben und Färben von Stoffen sowie in der Herstellung von Textilien aller Art zurück. Dieses Wissen war jedoch während der Kolonialherrschaft der Briten fast vollständig verloren gegangen. Zu Gandhis Zeit wusste die Bevölkerung nicht einmal mehr, wie man Stoffe herstellt

Leben

und weiterverarbeitet. Gandhis Antwort auf eine Situation, die er als symptomatisch für die erzwungene Unselbständigkeit und Entfremdung seines Landes ansah, war so einfach wie symbolträchtig: mit »Swadeshi« und Spinnrad – einer Philosophie und einem praktischen Werkzeug – wollte er den Missständen begegnen und seinen Landsleuten die Möglichkeit zur Selbstversorgung und wirtschaftlichen Unabhängigkeit eröffnen. Gandhi wehrte sich gegen die ökonomische Ausbeutung Indiens. Sein Land wurde zum billigen Rohstofflieferanten und Absatzmarkt für britische Fertigprodukte degradiert, während die Industrialisierung an Indien vorbeiging. Nur die Infrastruktur, in erster Linie das Eisenbahnnetz, wurde – mit indischen Steuergeldern – ausgebaut. Inder kauften zu jener Zeit also englische Kleidungsstücke, die mit ihrer eigenen Baumwolle hergestellt worden waren, ein Paradox, das Gandhi nicht nur als unsinnig, sondern auch als ungerecht empfand. Zunächst war es schwierig, die alten Traditionen wieder zu beleben, aber Gandhi fand nach langer Suche schließlich Menschen, die noch ein Spinnrad besaßen und ihm seinen Gebrauch erklären konnten.

Swadeshi und Spinnrad, vgl. S. 59 u. 88 ff.

Er begann im Ashram selbst Garn zu spinnen und forderte die Bauern auf, es ihm gleichzutun. In der Vergangenheit hatten die Bauern im Winter immer Baumwolle zu Garn gesponnen, um sich in dieser Zeit, da es weder etwas zu säen noch zu ernten gab, ein wenig Geld zu verdienen. Das Spinnrad wurde zum Symbol von Swadeshi, zum Inbegriff wirtschaftlicher Autarkie durch Eigenproduktion verbunden mit Besitzlosigkeit sowie der Besinnung auf elementare Bedürfnisse und eine einfache Lebensweise. So begann die Khadi-Bewegung in Indien, der selbstgewebte Baumwollstoff (»Khadi«) war gelebte Unabhängigkeit. Wer indischer Patriot war, weigerte sich fortan, britische Textilien zu kaufen und zu tragen. Mit dem Boykott konnte jeder die angelsächsischen Kolonialisten dort treffen, wo es sie am meisten schmerzte: in ihrer Brieftasche. Die indische Nationalflagge zeigt daher, neben den Traditionsfarben der Hindus und Muslime, ein Spinnrad – Gandhi hatte darauf bestanden.

Auf seinen Reisen quer durch das Land verbitterte Gandhi vor

Die Unberühr-
baren, vgl.
S. 31 u. 90
allem die unbeschreibliche Armut der Kastenlosen, der Parias. Er beschloss, die unmenschliche Praxis des Kastensystems auf seine Weise zu bekämpfen. Er nahm eine Familie der »Unberührbaren« in seinen Ashram auf, alle Bewohner sollten an diesem Ort unabhängig von ihrer Herkunft gleich sein. Dieser Radikalismus ging vielen wohlhabenden Indern jedoch zu weit, und sie stellten die finanzielle Unterstützung für Gandhis Ashram ein. Auch seine Ehefrau Kasturba weigerte sich zunächst, mit den Kastenlosen zusammenzuarbeiten und aus einem Brunnen zu trinken. Doch Gandhi war fest entschlossen, das Los der Ärmsten zu verbessern. Er stellte seine Frau vor die Wahl, das Leben im Ashram zu akzeptieren oder den Ashram zu verlassen. Kasturba blieb nach alter Tradition an der Seite ihres Mannes, aber sie haderte im Stillen mit ihrem Schicksal. Auch in der Politik hatte es Gandhi zu dieser Zeit schwer. Sein politischer Mentor Gokhale war gestorben, und im Kongress dominierte der radikale Tilak, der von 1908 bis 1914 wegen seiner antibritischen Veröffentlichungen im Gefängnis gesessen hatte. Mohammed Ali Jinnah, ein anderer prominenter Politiker, führte die Muslimliga an. Jinnah stand als Muslim den Briten ebenso kritisch gegenüber wie Tilak. Der Sultan des Osmanischen Reiches, das sich im Krieg mit dem British Empire befand, war zugleich als Kalif auch religiöses Oberhaupt aller Muslime, vergleichbar mit der Rolle des Papstes für die Katholiken. Gandhi stellte 1916 nur eine politische Randfigur dar und war in die indische Politik nicht integriert.

Nachdem er mit der Weigerung, das Kastensystem zu akzeptieren (mit dem er ja selbst in jungen Jahren in Konflikt geraten war), bereits für Aufsehen gesorgt hatte, zog sich Gandhi weiteren Unmut in der Oberschicht von Britisch-Indien zu: Bei einem Vortrag an der Universität von Benares, dem heutigen Varanasi, genau ein Jahr nach seiner Ankunft und dem selbstauferlegten Vermeiden öffentlicher Äußerungen, sorgte er für einen Eklat – und eine Sensation. Nur in ein Lendentuch gekleidet mit einem groben Umhang und Turban trat er vor ein Publikum, das aus prunkvoll mit Seide und Juwelen geschmückten Maharadschas, dem indischen Hochadel, und

> »Ich hörte viele unserer Landsleute sagen, daß wir amerikanischen Reichtum erwerben, aber seine Methoden vermeiden können. Ich wage zu behaupten, daß ein solcher Versuch vom Beginn an zum Scheitern verurteilt wäre. Wir können nicht weise, gemäßigt und zugleich kapitalistisch sein [...] Ich behaupte, daß wirtschaftliche Expansion wirklichem Fortschritt unvereinbar entgegensteht.« (Gandhi über Kapitalismus; *Mein Leben*, S. 283)

der nach der neuesten Mode gekleideten britischen Kolonialelite bestand. Den indischen Fürsten warf er die Ausbeutung der Bauern vor, die indischen Intellektuellen bezeichnete er als Fremde im eigenen Land, die das Volk nicht kennen würden. Die Rettung Indiens könne nur von den Bauern erwartet werden. Annie Besant, die Gandhi bereits in England kennengelernt hatte und die als Gründerin einer indischen Befreiungsbewegung nach irischem Vorbild (Home Rule League) zu großem Ruhm gekommen war, leitete die Sitzung und unterbrach ihn wütend. Gandhi sprach weiter, während sich nach und nach der Saal und schließlich auch die Tribüne mit den Ehrengästen leerte. Für die indische Presse war diese Skandalrede natürlich ein gefundenes Fressen, für die indische Oberschicht wurde Gandhi zur Persona non grata, aber er ließ sich nicht irritieren. Auch in anderen Städten hielt er Reden gegen Fremdherrschaft und Kapitalismus. Bei einem Treffen mit dem Muslimführer Jinnah kam es erneut zu einem Eklat, als er dessen Vortrag unterbrach und ihn aufforderte, seine Ausführungen nicht in Englisch, sondern in Gujarati zu halten, da doch alle Anwesenden Gujaratis seien. Jinnah war ein großer Bewunderer Gokhales und damit ein potentieller Unterstützer Gandhis, nach diesem Ereignis jedoch hatte sich Gandhi eine mögliche Freundschaft verscherzt.

Die Gelegenheit, etwas für die einfachen Menschen seines Heimatlandes zu tun und damit auch wieder politisch aktiv zu werden, ergab sich erst 1916. Ein Bauer schilderte Gandhi auf der jährlichen Tagung des Nationalkongresses das Elend der Indigobauern von Champaran in seiner Heimatprovinz

Zwei Reden

Bihar. Gandhi versprach, sich der Probleme der Bauern anzunehmen. Er reiste mit einigen Mitstreitern nach Bihar und begann eigene Nachforschungen über die Ausbeutung der Bauern, ihre hohe Pacht und geringe Gewinnbeteiligung anzustellen. Die britischen Großgrundbesitzer ließen ihn verhaften und vor Gericht stellen. Gandhi sollte gegen Kaution freigelassen und der Provinz verwiesen werden, aber er weigerte sich, darauf einzugehen. Der hilflose Richter ließ ihn ziehen, und Gandhi war der Held des einfachen Volkes, das ihm nun in Massen zuströmte. Er blieb noch ein halbes Jahr; in dieser Zeit wurde eine offizielle Untersuchungskommission eingerichtet und den Bauern schließlich ein Teil der jährlichen Pacht erlassen. Gandhi organisierte ein Hilfsprogramm für die Dörfer der Region, das die Verbesserung der Infrastruktur sowie die Hilfe zur Selbsthilfe vorsah: Es wurden Schulen und Krankenstationen gebaut, Kurse in Selbstorganisation und Hygiene durchgeführt, und die Bauern lernten sich selbst und einander zu helfen. In Bihar traf Gandhi auch Mahadev Desai, der ihn als Sekretär und enger Vertrauter lange Zeit begleiten sollte. Die Person Gandhi wirkte polarisierend: In den ersten Jahren in Indien hatte er sich die Ehrfurcht der Armen und die Verachtung der Reichen erworben.

Satyagraha in Indien Die Satyagraha-Bewegung war jedoch schon nicht mehr aufzuhalten und machte bald regelmäßig auf sich aufmerksam. Als im Winter 1917 / 18 die Ernte schlecht ausfiel, organisierte Gandhi erfolgreich einen Steuerboykott der Bauern. Beim Textilarbeiterstreik in Ahmedabad 1918 unterstützte er die Streikenden als Vermittler zum ersten Mal mit einem Mittel, das er später noch häufiger einsetzen sollte: Er trat in den Hungerstreik. Fasten gehört zur hinduistischen Tradition, es soll Körper und Geist reinigen. Schon Gandhis Mutter hatte häufig gefastet, auch wenn sie beispielsweise für die Fehltritte ihrer Kinder Buße tun wollte. Gandhi hatte es als Kind stark beeindruckt, wenn seine Mutter um seinetwillen hungerte. Für ihn war Fasten ein Element des Satyagraha geworden. Er nahm persönlich Leid auf sich, um die Textilarbeiter zur Fortsetzung ihres Streiks zu bewegen und zugleich den Gegnern die Erkenntnis eigenen Fehlhandelns zu ermöglichen, das war sein Grundprinzip. Der moralische Druck, der dadurch ausgeübt wurde, schien seine Wirkung zu tun. Bereits nach drei Tagen des Fastens gaben die Arbeitgeber auf und erfüllten Gandhis Forderung: Den Arbeitern wurden endlich die Löhne erhöht. Niemand wollte für den Tod dieses ungewöhnlichen Mannes verantwortlich gemacht werden.

Im April 1918 brauchte das British Empire Soldaten für die Schlachtfelder Mitteleuropas. Der Vizekönig Lord Chelmsford forderte die Solidarität der Inder und versprach ihnen politische Zugeständnisse, darunter eine größere Autonomie der Provinzregierungen gegenüber der britischen Zentralregierung in Delhi, für die Zeit nach dem Krieg. Gandhi folgte dem Aufruf und half, freiwillige Kriegsteilnehmer zu rekrutieren. Die Rekrutierung war sicher ein politischer Fehler Gandhis, ein letztes Aufflackern seiner Loyalität gegenüber dem Empire, dessen Bürger er doch letztlich war. Später mag er diese Aktion bereut haben, aber zu diesem Zeitpunkt sah er demokratische Staaten mit Kaisern, Zaren und Sultanen ringen. Auf diese Weise wollte er die indische Bevölkerung zu Stärke und Selbstvertrauen erziehen, aber die Menschen folgten seinem Aufruf nicht. Eine Million indische Soldaten kämpften dennoch im Ersten Weltkrieg auf Seiten der Briten, die Kolonie hatte ihren Blutzoll entrichtet. Eine Gegenleistung für ihr Opfer erhielt sie nicht – im Gegenteil. Die sogenannte Rowlatt Bill zementierte den Ausnahmezustand, in dem sich Indien während des Krieges befunden hatte, für die Zukunft. National gesinnte indische Politiker wurden reihenweise verhaftet, es gab geheime Strafprozesse ohne Berufungsrecht. Indiens Bürger wurden durch diese Ermächtigungsgesetze auch formal zu Menschen zweiter Klasse. Während ganze Imperien und Dynastien zusammenbrachen oder von Revolutionen hinweggefegt wurden – das russische Zarenreich, Österreich-Ungarn, das Osmanische Reich und das deutsche Kaiserreich –, während sich die Völker Irlands und Ägyptens gegen die britische Fremdherrschaft erhoben (und 1921 bzw. 1922 ihre Unabhängigkeit erlangten), kochte auch in Indien die Volksseele. Zum ersten Mal zu Gandhis Lebzeiten wollten die Menschen für ihre Unabhängigkeit kämpfen.

Rowlatt Bill

Anfang 1919 schworen Gandhi und seine Anhänger, mit Satyagraha gegen die Rowlatt-Gesetze vorzugehen. Am 6. April rief er das ganze Land zum Generalstreik auf. Gemäß der indischen Tradition des Hartal (Streik) sollten für einen Tag des Gebets und des Fastens die Geschäfte schließen, um auf diese Weise gegen die Obrigkeit zu demonstrieren. Ein solcher Generalstreik sollte ein Zeichen setzen, danach ging das Leben wieder weiter. Überall im Land fanden an diesem Tag Massendemonstrationen statt, Gandhi hielt sich in Bombay auf und verteilte offen seine verbotenen Schriften. Allerdings kam es auch zu gewaltsamen Ausschreitungen, die das britische Militär auf den Plan riefen. Sie wollten das Kronjuwel ihres Kolonialbesitzes verteidigen, und so nahm das Verhängnis seinen Lauf. Im Jallianwala Bagh, einem kleinen, mit einstöckigen Häusern und hohen Mauern umgebenen Park in Amritsar, hatten sich Tausende Menschen versammelt. Der britische Brigadegeneral Reginald Dyer ließ die einzige Zufahrt sperren und gab anschließend seinen Soldaten das Kommando, das Feuer auf die unbewaffneten Demonstranten zu eröffnen. Zehn Minuten dauerte das Massaker, bei dem Dyer immer wieder dorthin zielen ließ, wo die Menschen am dichtesten standen. Dann rückte er mit seiner Truppe ab, ohne sich um die 379 Toten und mehr als 1200 Schwerverletzten zu kümmern. Dyer wurde für das Massaker später nicht zur Verantwortung gezogen, sondern vom britischen Oberhaus noch ausdrücklich belobigt. Das Empire hatte sein brutales Gesicht gezeigt. Den ›Eingeborenen‹ sollte mit aller Härte vorgeführt werden, wer Herr im Haus ist und welche Folgen Unbotmäßigkeit haben kann. So ließ Dyer eine Straße in Amritsar zur ›Kriechspur‹ erklären, weil in dieser Straße eine Engländerin angegriffen worden war. Die Inder mussten auf allen vieren kriechen, teilweise ließ er sie auch zusammentreiben und zwang sie, vor ihm auf der Straße zu kriechen.

Das Massaker von Amritsar

Mit dem Blutbad im nordindischen Panjab war die Unabhängigkeitsbewegung keineswegs am Ende, aber Gandhi erkannte, dass Indien ein Pulverfass war. Satyagraha war vielleicht ein Kampfmittel seiner Bewegung, die Masse aber, nach dem Krieg durch die Inflation weiter verarmt, hatte sich radi-

kalisiert. Sie war unberechenbar geworden, und es konnte je-
derzeit zu gewalttätigen Gegenreaktionen der Bevölkerung
kommen, da ihr die Disziplin und die politische Erfahrung
für eine gezielte Antwort auf die Provokationen der Kolonialherren fehlte. Gandhi brach seine Aktionen des gewaltlosen
Widerstands ab und untersuchte das Massaker mit der ihm eigenen Gründlichkeit. Merkwürdigerweise wusste der angebli-
che Organisator der Demonstration nichts von seinem Aufruf, der sogar mit Trommelschlag in der Stadt verkündet worden war, ohne dass die Polizei eingeschritten wäre. Alles
deutete darauf hin, dass die Briten selbst die Menschen an
diesen Ort gelockt hatten, um ein Exempel zu statuieren.
Gandhi zog aus den Vorfällen des Generalstreiks den Schluss,
dass er mehr Satyagrahis ausbilden und stärker auf die Öffentlichkeit einwirken müsse. Er gründete die Wochenblätter
Young India (in Englisch) und *Navajivan* (auf Gujarati: *Neues* Vgl. S. 79 f.
Leben) und schrieb selber für die Zeitungen regelmäßig Artikel. Inzwischen hatte sich Gandhi vollständig von dem Gedanken gelöst, dass eine wie auch immer geartete Kooperation
tion mit der Kolonialmacht die Situation im Land verbessern
würde. Im August 1920, einen Tag nach dem Tod des politischen Führers und Nationalhelden Tilak, der für seine Über-
zeugungen im Gefängnis gesessen hatte, verkündete er sein
Programm der »Non-Cooperation«, das jegliche Zusammen- **Fortsetzung des**
arbeit mit den britischen Behörden aufkündigte. Sämtliche **Unabhängigkeits-**
britischen Einrichtungen wie Schulen oder Gerichtshöfe, **kampfs**
auch politische Wahlen, sollten boykottiert werden, Gandhi
und seine Mitstreiter gaben alle Auszeichnungen und Titel
zurück. Aber am schmerzhaftesten und spektakulärsten war
sicherlich der Boykott britischer Waren, schließlich konnte
niemand gezwungen werden, britischen Tweed zu tragen. Aus
dem Untertanen Gandhi war endgültig ein Rebell geworden.
Die Situation der indischen Muslime hatte sich stark verändert, nachdem die Briten den im Weltkrieg unterlegenen Sultan entmachtet und sein Reich zerschlagen hatten, wobei das
rohstoffreiche Arabien dem Empire zugefallen war. Die indischen Muslime, die dadurch zugleich der religiösen Führung
durch den Kalifen beraubt worden waren, fanden sich ohne-

hin nur schwer mit der Herrschaft der britischen Christen ab und orientierten sich stärker an ihrer Glaubensgemeinschaft und an panislamischen Ideen, d. h. an der Vorstellung eines politisch geeinten Islam. Sie schlossen sich daher der Boykottbewegung an, für die Gandhi auch den indischen Nationalkongress gewonnen hatte. Die indischen Politiker verzichteten bereitwillig auf ihre politischen Positionen in Parlamenten und Regionalregierungen. Gandhis Einfluss im Kongress wuchs nicht zuletzt aufgrund seiner ungeheuren Popularität. Als neues Gremium wurde ein permanent verfügbares Arbeitskomitee installiert, das auch zwischen den Jahrestagungen schnell reagieren konnte. Gandhi versuchte durch Kooperation mit der panislamischen Khilafat-Bewegung, in der sich die indischen Muslime politisch organisiert hatten, Muslime und Hindus zu versöhnen und durch diese Einigkeit die indischen Unabhängigkeitsbestrebungen zu stärken. Gandhi übertrug seine Erfahrungen mit der indischen Minderheit in Südafrika, in der die unterschiedlichen religiösen Auffassungen aufgrund des äußeren Drucks keine Rolle gespielt hatten, auf Indien. Er unterschätzte dabei die tatsächlich in Indien vorhandenen Spannungen zwischen Muslimen und Hindus, die nicht nur religiöser, sondern auch politischer Natur waren: Die Hindus stellten fast im gesamten Land die Oberschicht. Kritik an seinem radikalen Kurs kam von Seiten des politisch gemäßigten Tagore, der ihn bei seiner Ankunft in Indien so herzlich begrüßt hatte und ihm nun nationalistische Engstirnigkeit vorwarf. Tagore fürchtete, Gandhis Bewegung würde Indien von der technologischen und wirtschaftlichen Entwicklung der Welt abschneiden. 1921 vollzog Gandhi seine letzte optische Verwandlung: Er trug nur noch das Lendentuch, die Kleidung der Ärmsten, denen seine größte Aufmerksamkeit galt.

Die Khilafat-Bewegung

Höhepunkt des Ruhms

Nach Tilaks Tod wurde Gandhi auch zum Führer der Swaraj-Bewegung, in der Tilak seinen Kampf für die Unabhängigkeit organisiert hatte. Gandhi war nun der unbestrittene Kopf in der indischen Politiklandschaft und der wichtigste Gegenspieler der britischen Kolonialherren. Seine Popularität und sein Ruhm in der Bevölkerung verhalfen dem intellektuell

Leben

stets abgehobenen Kongress zu einer Massenbasis. Der Kongress entwickelte sich von einem reinen Diskussionszirkel zu einem wirksamen Instrument der Freiheitsbewegung. Wo immer Gandhi auftrat, erwarteten ihn jubelnde Menschen. Eine halbe Million Arbeiter traten 1921 in den Ausstand, britische Textilien wurden öffentlich verbrannt, und dem Kronprinzen und späteren englischen König Edward VIII. schlugen bei seiner Indien-Reise nur das eisige Schweigen und die Verachtung seiner Untertanen entgegen. Ende des Jahres befanden sich alle politischen Führer des Kongresses bis auf Gandhi im Gefängnis, 20 000 politische Gefangene bevölkerten die Gefängnisse, und Tausende weiterer Satyagrahis drängten nach, um sich auch verhaften zu lassen. Das britische Justizsystem stand kurz vor dem Kollaps, während die Sanktionen noch einmal verschärft wurden. Nationale Schulen, die von Indern während des Boykotts gegründet worden waren, wurden wieder geschlossen, die Büros des Kongresses und der Khilafat-Bewegung zerstört, die Polizei machte Jagd auf Menschen mit selbstgewebter Kleidung. Während eine Verhandlungsrunde zwischen dem britischen Vizekönig Lord Reading und Gandhi scheiterte, schien gleichzeitig nichts seine Bewegung diesmal aufhalten zu können. Im Februar 1922 begann Gandhi in einem überschaubaren Gebiet, dem Bardoli-Distrikt in Gujarat, in dem Gefolgsleute Gandhis bereits mehrere Ashrams gegründet hatten und eine massive Steuererhöhung die Existenz der Bauern bedrohte, die zweite Phase des Widerstands: Sie praktizierten zivilen Ungehorsam nicht nur als Boykott, sondern auch als eine kollektive Steuerverweigerung der Bevölkerung. Für Gandhi war es ein Test für sein politisches Konzept des gewaltlosen Widerstands. Als es aber vor Ort zu einem Massaker an Polizisten kam und sich andernorts die Gewalttaten wiederholten, auch zwischen Hindus und Muslimen, brach Gandhi die Bewegung der Nicht-Zusammenarbeit ab und dehnte auch nicht, wie angekündigt, die zweite Phase auf das ganze Land aus. Er wusste, dass Gewalt nur Gegengewalt erzeugen würde – und auf diesem Gebiet waren die Briten überlegen. Er selbst fastete fünf Tage zur Sühne für seinen »himalayagroßen Rechenfehler« (*Mein Le-*

ben, S. 238), nahm in einem aufsehenerregenden Prozess die ganze Schuld auf sich und forderte für sich die Höchststrafe. Als Führer eines Aufstands wurde Gandhi kurze Zeit später in seinem Sabarmati-Ashram verhaftet und, wie sein Vorgänger Tilak, zu sechs Jahren Gefängnis verurteilt. Damit hatte die indische Unabhängigkeitsbewegung ihren wichtigsten politischen Führer verloren. Im Gerichtsprotokoll gab Gandhi an, von Beruf Bauer und Weber zu sein. Als einfacher Mann verschwand er hinter den Gefängnismauern von Poona, wurde aber wie ein Schwerverbrecher behandelt (Einzelhaft, tägliche Durchsuchung der Zelle und Beschränkung des Briefverkehrs auf nur vier Briefe pro Jahr). Man entzog ihm die Zulassung als Anwalt. Er machte das Beste aus seiner Zeit, las viel und diktierte einem Mitgefangenen außerdem in diesen Jahren zahlreiche Kapitel seiner Lebenserinnerungen aus der Zeit in Südafrika, die er *Satyagraha in South Africa* nannte. Sein Leben lang hatte er nach der Wahrheit gesucht und unterzog nun alles auf diesem Weg einer empirischen Untersuchung. 1924 wurde er aus gesundheitlichen Gründen vorzeitig aus der Haft entlassen, weil er eine schwere Blinddarmentzündung hatte. Zur gleichen Zeit gelangte in London die Labour Party, die mit Gandhi sympathisierte, an die Regierung. Vielleicht war es daher auch vorauseilender Gehorsam oder die Angst vor dem Prestigeverlust im Falle einer von London befohlenen Haftentlassung, die den Vizekönig zu einer Begnadigung

Im Gefängnis

Vgl. S. 81

Während des Fastens 1924 mit Nehrus Tochter, der späteren indischen Ministerpräsidentin Indira Gandhi

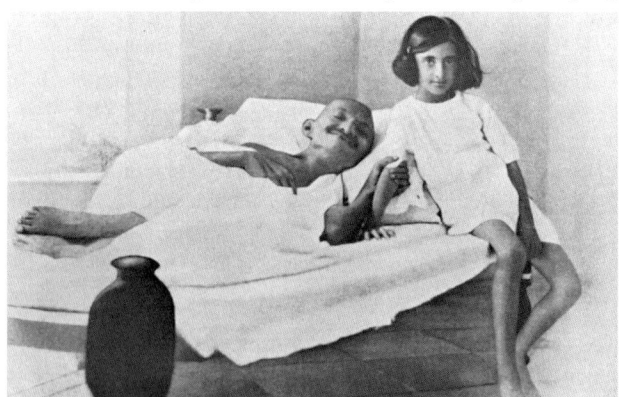

bewog. Politiker und Bauern pilgerten nun an Gandhis Krankenbett in Poona. Als er im Mai in seinen Ashram zurückkehrte, hatte sich die Lage in Indien, aber auch in Europa,
wieder beruhigt. Gandhi war wieder zu Hause an seinem
Spinnrad.

> »Er jagte uns vielleicht einen Schrecken ein! Sein Programm
> füllte unsere Gefängnisse. Man kann aber nicht immer weiter
> Leute einsperren, nicht, wenn es dreihundertneunzehn Millio-
> nen davon gibt. Und wenn sie gar noch den nächsten Schritt
> unternommen und sich geweigert hätten, Steuern zu zahlen –
> Gott allein weiß, wo wir hingeraten wären! Gandhis Experi-
> ment war das kolossalste Experiment der Weltgeschichte; es
> war vom Erfolg nur noch einen Zentimeter entfernt. Aber er
> konnte die menschlichen Leidenschaften nicht kontrollieren.
> Die Menschen wurden gewalttätig, und er brach sein Pro-
> gramm ab [...] Wir warfen ihn ins Gefängnis.« (Lord Loyds, zu
> diesem Zeitpunkt Gouverneur von Bombay; zit. n. Grabner
> 2002, S. 172)

Kongress-
präsident

Ende 1924 wurde Gandhi zum Präsidenten des indischen
Nationalkongresses gewählt. Er machte Swadeshi zum Programm des Kongresses und empfahl jedem Inder, seine Kleidung mit dem Spinnrad und dem Webstuhl selbst herzustel-
len. Selbstgemachte Hemden, Hosen und Mützen wurden
bald zum Erkennungsmerkmal des Kongresses und zum
leicht erkennbaren Zeichen für den Widerstand. Gandhi verstand es immer wieder, mit populären Aktionen und Symbo-
len für seine Ideen zu werben. Die Verbreitung von Spinnrä-
dern in ganz Indien wurde zu Gandhis wichtigstem Thema.
Im gleichen Jahr gründete er die All India Spinners Associa-
tion. Er selbst spann jeden Tag ein gewisses Quantum Garn
und verlangte, dass die Mitgliedsbeiträge der Kongressmitglieder zukünftig in Garn abgeliefert wurden. Wieder einmal
ging Gandhi mit Entschlossenheit und Konsequenz an seine
Aufgabe. Die vormoderne Agrargesellschaft seiner Heimat
war zu diesem Zeitpunkt fest in der Hand einer westlichen
Bürokratie, bestehend aus britischen Beamten und Offizie-
ren, deren vorrangige Aufgabe es war, die in Indien erzielten

Profite ins Mutterland zu transferieren. Die Handwerkstradition seiner Heimat Gujarat war systematisch zerstört worden, und die Briten hatten die Landwirtschaft auf reinen Export umgestellt, so dass sich die Dörfer nicht mehr selbst versorgen konnten. Nach Gandhis Auffassung jedoch waren die Dörfer der Kern der Unabhängigkeitsbewegung sowie das Rückgrat des ganzen Landes. Hier wollte er daher anfangen, seinen Entwurf des Swadeshi zu verwirklichen. Aber so hartnäckig er in einer Angelegenheit von allgemeinem Interesse sein konnte, so humorvoll und großzügig war er als Privatmensch. Gandhi lachte gerne und viel mit Freunden, sein Lachen wirkte ansteckend. Als ein Mitstreiter einmal aus dem Zug fiel und glücklicherweise unverletzt blieb, schrieb er dieses Glück der Anwesenheit des großen Mahatma zu. Gandhi bemerkte darauf nur trocken, dass er dann ja gar nicht erst hätte aus dem Zug fallen dürfen. Gandhi war kein düsterer Weltverbesserer, sondern ein heiterer Selbstverbesserer. Seine Armut war majestätisch, seine Bescheidenheit und seine Friedfertigkeit beschämten Gegner und Freunde gleichermaßen. Jawaharlal Nehru, der einmal Indiens erster Regierungschef werden sollte, beschrieb den Zauber, der von Gandhis klarer heller Stimme ausging. Gandhi muss auf seine Zeitgenossen eine ungeheure Faszination ausgeübt haben, mit einer rätselhaften Mischung aus gewinnendem Charme und natürlicher Autorität. Seine Sanftheit und Aufrichtigkeit ergriff die Menschen, die ihm begegneten und seinen schlicht gehaltenen Ansprachen zuhörten.

Gandhis Konzentration auf das Garnspinnen gefiel jedoch keineswegs allen Kongressmitgliedern, vor allem was die eigene Handarbeit anging. Er musste in dieser Frage einen Rückzieher machen und war, angesichts der konkurrierenden Fraktionen im Kongress, erleichtert, als er Ende 1925 turnusgemäß seine Präsidentschaft einem Nachfolger übergeben konnte. Er beschloss, für das Jahr 1926 ein Schweigegelübde abzulegen. Die segensreiche Wirkung der Stille hatte er bei deutschen Trappistenmönchen in Natal kennen gelernt. Zwar blieb er in seinem Ashram und arbeitete wie alle anderen weiter auf dem Feld, in der Küche und am Spinnrad, dehnte je-

**Das Jahr
der Stille**

Langjähriger
Weggefährte:
Nehru im Ge-
spräch mit Gan-
dhi an dessen
77. Geburtstag,
2. Oktober 1946

doch seine Praxis, jeweils für einen Tag pro Woche kein Wort
zu sprechen, nun auf ein ganzes Jahr aus. Bisher hatte er jeden
Montag geschwiegen und bestenfalls einen Zettel geschrieben, wenn es unbedingt notwendig war. Mit seinem Schweigen wollte er zum Ausdruck bringen, wie sehr ihn die un-
ergiebige Geschwätzigkeit der Politiker mit ihren kleinkarier-
ten Streitigkeiten abstieß. Unter den Bauern fühlte er sich
wesentlich wohler als unter Politikern. Daher unternahm
Gandhi 1927 noch einmal eine große Indienreise, bei der er
von Dorf zu Dorf reiste, um die Khadi-Bewegung auf eine Vgl. S. 101
breite Basis zu stellen. Im gleichen Jahr erschien Gandhis
Autobiographie, die zuvor als Artikelserie in seiner Zeitschrift
Navajivan abgedruckt wurde, in Buchform.
Die Jahre 1928 und 1929 waren eine unruhige Zeit, geprägt Vgl. S. 81 ff.
durch den Terrorismus indischer Fanatiker und die vehe-
mente Forderung der jungen Kongressmitglieder, angeführt
vom Marxisten und Gandhi-Anhänger Jawaharlal Nehru,
nach Unabhängigkeit, die notfalls auch in einem Krieg errun-
gen werden sollte. Gandhi hatte 1928 erfolgreich den Steuer-

streik in Bardoli organisiert, den er Jahre zuvor abgebrochen
hatte. Die örtliche Administration nahm die Steuererhöhung
zurück, ließ alle Gefangenen frei und gab den Bauern das be-
schlagnahmte Land zurück. Diesmal verlief der Konflikt gewaltlos, was für Gandhi den größten Erfolg bedeutete. Weitere Streiks erschütterten im Frühling 1929 das Land, die Re-

Neue Unruhen   gierung ließ viele Arbeiterführer verhaften, Terroristen, die
Indiens Befreiung durch eine Revolution erreichen wollten,
zündeten im Parlament von Neu-Delhi zwei Bomben, aus denen rote Flugblätter auf die Abgeordneten regneten. Der
Kongress forderte die Unabhängigkeit Indiens (Dominion-
Status) innerhalb des Empire binnen eines Jahres, jedoch
lehnten die Briten eine innenpolitische Eigenständigkeit ihrer
Kolonie im Dezember 1929 ab. Nun forderte der Kongress
die volle Unabhängigkeit Indiens und drohte mit bürgerlichem Ungehorsam (totale Verweigerung der Zusammenarbeit und Steuerboykott). Gandhi, der als politischer Führer
von allen Fraktionen der Unabhängigkeitsbewegung, von
Liberalen und Kommunisten, gleichermaßen akzeptiert und
längst zur Integrationsfigur geworden war, sollte die Satyagraha leiten, zog sich stattdessen jedoch für sechs Wochen in
seinen Ashram zurück und meditierte zunächst einmal über
diese Frage. Die ganze Welt blickte auf den kleinen Mann in
seiner Hütte und wartete auf seine Entscheidung. Schließlich
schrieb Gandhi dem Vizekönig einen Brief, in dem er ihm
Verhandlungen anbot und für den Fall einer Weigerung Satyagraha ankündigte. In diesem Falle sollte die ungerechte Salz-
steuer Gegenstand des gewaltfreien Widerstands sein. Er
wählte gerade diese Steuer für seinen Boykott aus, da jeder Inder sie zahlen musste und die Steuerverweigerung nur die Kolonialregierung traf, aber keine indischen Interessen berührte.
Außerdem konnte jeder Mensch durch das Sammeln von Salz
auf einfache Weise an dem Protest teilhaben. Er führte an,
dass die Ärmsten drei Tagelöhne im Jahr für das lebensnotwendige Salz aufbringen würden, während er als Vizekönig
mehr als das Fünftausendfache eines durchschnittlichen indischen Arbeiters verdiente. Eine Antwort auf Gandhis Schreiben blieb aus.

Es kam der 12. März 1930. Die Weltpresse belagerte den Sabarmati-Ashram, in dem inzwischen knapp 300 Menschen wohnten. Schließlich verließ Gandhi mit 78 Begleitern seinen Ashram und machte sich auf den Weg, symbolisch das Salzmonopol der Kolonialherren zu brechen. Er tat dies ganz offen und ließ sogar die Namen und Personaldaten seiner Mitstreiter in *Young India* veröffentlichen. Als guter Satyagrahi wollte er seine Gegner immer ausreichend unterrichtet wissen. 24 Tage benötigten Gandhi und seine Gefolgsleute von Ahmedabad bis zum Strand von Dandi, wo das Salz leicht mit der Hand aufzulesen war. Unterwegs schlossen sich Tausende dem Marsch an und begleiteten ihn zum nächsten Dorf, das ihn festlich geschmückt erwartete. Aus dem Marsch der Satyagrahis wurde ein Triumphzug, von dem die nationale und internationale Presse täglich berichtete. Am 5. April erreichten sie die Küste, und im Morgengrauen des nächsten Tages hob

Der Salz-marsch

>»Dieser kleine Mann von geringer Körperkraft hatte etwas von Stahl in sich, etwas Felsenartiges, das irdischen Kräften, so groß sie sein mochten, nicht nachgab. Trotz seiner wenig eindrucksvollen Aufmachung, dem Lendentuch und dem nackten Körper, war eine königliche Hoheit in ihm, die willigen Gehorsam von anderen erwirkte.« (Der politische Weggefährte und spätere indische Ministerpräsident Jawaharlal Nehru über Gandhis Ausstrahlung; zit. n. Gandhi-Informations-Zentrum 1988, S.173)

Gandhi etwas Meersalz vom Strand auf. Symbolisch hatte er mit dieser Geste das Regierungsmonopol auf Salz gebrochen. Mit diesem Signal setzte Gandhi zugleich einen ganzen Prozess der demonstrativen Missachtung des von der Kolonialmacht verhängten Verbots der Salzgewinnung in Gang. Hunderttausende folgten seinem Beispiel, die Bauern strebten ans Meer und gewannen das in der subtropischen Hitze so lebenswichtige Mineral, ohne dafür Steuern an die Briten zu bezahlen. 60 000 Menschen gingen für dieses ›Vergehen‹ bereitwillig ins Gefängnis, Kongressmitglieder verkauften unversteuertes Salz in den Städten, und es dauerte nicht lange, bis auch

viele Kongresspolitiker, darunter Gandhi und sein politischer
Ziehsohn Nehru, ebenfalls verhaftet wurden.

Ein wesentlicher Teil von Gandhis politischer Strategie war es,
symbolische Aktionen zur Durchsetzung der Interessen der
Bevölkerung punktuell durchzuführen, da eine soziale Bewegung nicht endlos in gleicher Intensität aufrechterhalten werden kann. Anders als der Innenminister eines Landes, der täglich 100 000 Polizisten einsetzen kann, ist es einer sozialen Bewegung nur zu ausgewählten Zeitpunkten möglich, Präsenz
zu zeigen. Gerade in Indien, wo die Menschen buchstäblich
von der Hand in den Mund leben und keine regelmäßigen
Gehaltsschecks erwarten dürfen, während sie versuchen, die
Regierung zu stürzen, hat jede Mobilisierung der Bevölkerung zeitliche Grenzen. Daher waren die symbolischen Aktionen das geeignete Mittel, in der Auseinandersetzung mit der
Kolonialregierung immer wieder Ausrufezeichen zu setzen,
die in den zeitgenössischen Medien ein weltweites Echo fanden.

Allerdings stand der dramatische Höhepunkt der Satyagraha
erst noch bevor. Unter der Leitung von Sarojini Naidu, einer
Dichterin und Mitarbeiterin Gandhis, versammelten sich
Die Dharasana- 2 500 Kongressmitglieder vor den Toren des Dharasana-Salz-
Salzwerke bergwerks bei Surat, nördlich von Bombay, um es zu besetzen.
Das Werk war mit Stacheldraht abgezäunt und wurde von Polizisten bewacht. In kleinen Gruppen gingen die Satyagrahis
an den Stacheldrahtzaun und ließen sich widerspruchslos
und ohne Gegenwehr von der Polizei niederknüppeln. Immer
wieder und wieder bezeugten sie die Stärke, die sie durch ihre
Gewaltlosigkeit gewonnen hatten, der Mut und die Opferbe-
reitschaft der Widerstandskämpfer wirken bis heute unglaub-
lich. So ging es stundenlang weiter: Splitternde Knochen,
blutüberströmte Schädel, Ohnmächtige wurden davongetra-
gen. Dann war der Wille der Briten gebrochen, sie zogen ihre
Polizeieinheiten zurück. Das Empire hatte vor aller Welt sein
Gesicht verloren, und Gandhi und seine Anhängerschaft hatten in diesem Sinn ihr Ziel erreicht, den Gegner ›beschämen‹
zu wollen. Die internationale Berichterstattung löste einen
weltweiten Protest aus. Jesus von Nazareth hatte in seiner

Bergpredigt erklärt, man solle auch die linke Wange hinhalten, wenn man auf die rechte geschlagen werde. Gewaltloser Widerstand bedeutete für Gandhi, nicht vor dem Gewalttäter, den Schmerzen und den eigenen Ängsten davonzulaufen, sondern stehen zu bleiben, die Gewalt des Gegners ins Leere laufen zu lassen und damit umso wirkungsvoller die eigenen Werte und Ziele zu vertreten. Indien konnte auf diese Freiheitskämpfer stolz sein, aber über 300 zum Teil schwer Verletzte waren der Preis für diesen Sieg. Der hartgesottene US-amerikanische Kriegsberichterstatter Webb Miller sagte später, er habe in seinem Leben nichts Grausameres erlebt als diesen Tag.

Unruhen nach dem Salzmarsch in Indien, 9. Juli 1930

Im Februar 1931 stieg Gandhi, wie immer im selbstgenähten Lendenschurz, die Stufen zum Palast des Vizekönigs Lord Irwin hinauf. Nachdem der Plan gescheitert war, einen »Runden Tisch« ohne die Kongresspartei zu bilden, die inzwischen 85 Prozent der Bevölkerung hinter sich hatte, hatten die Briten die Notwendigkeit von Verhandlungen erkannt und Gandhi sowie führende Kongresspolitiker aus der Haft entlassen. Die Gefängnisse waren ohnehin völlig überfüllt, teilweise wurden Kriminelle entlassen, um für die politischen Häftlinge Platz zu schaffen. Gandhi war durch Haftstrafen ohnehin nicht mehr zu beeindrucken, er freute sich bei seinen Verhaftungen sogar über die bevorstehende Ruhe, die er für Lektüre und zum Ausschlafen nutzen wollte. Und so spazierte der lächelnde Rebell nicht als Bittsteller, sondern als gleichberechtigter Verhandlungspartner in die prunkvollen Gemächer des britischen Vizekönigs. Winston Churchill schäumte in London vor Wut und überwarf sich aufgrund der seiner Ansicht nach zu nachgiebigen Politik gegenüber der indischen Unabhängigkeitsbewegung mit dem Parteichef der Konservativen, so dass er bis zum Beginn des Zweiten Weltkriegs von der politischen Bühne verschwand. Für ihn war es eine Zumutung, einen »Fakir halbnackt die Treppen zum Palast des Vizekönigs heraufsteigen und gleichberechtigt mit dem Vertreter des Königs und Kaisers verhandeln zu sehen, während er weiterhin seine herausfordernde Kampagne des zivilen Ungehorsams organisiert und leitet« (zit. n. Grabner 2002, S. 204). Es folgten weitere Gespräche mit dem Vizekönig, bis schließlich das Irwin-Gandhi-Abkommen geschlossen werden konnte, das die Freilassung aller politischen Gefangenen, die Erlaubnis zur Salzgewinnung für den persönlichen Bedarf und das Ende des zivilen Ungehorsams zum Inhalt hatte. Beim abschließenden Tee streute

Einlenken der Briten

Gandhi eine Prise selbstgewonnenen Salzes in seine Tasse und erinnerte den Vizekönig an die Boston Tea Party. Mit dem Teeboykott gegen die Briten hatte 1773 die US-amerikanische Unabhängigkeitsbewegung begonnen. Die indische Bevölkerung war zwar mit dem Abkommen nicht zufrieden, da sie sich Verhandlungen über die Unabhängigkeit versprochen hatte, aber ein Anfang war zumindest gemacht. Gandhi war

ein unbeugsamer geduldiger Mensch, der mit großer Beharrlichkeit und Entschlossenheit die Erosion der Kolonialherrschaft betrieb. Wenn er sich einmal ein Ziel gesetzt hatte, verfolgte er es unbeirrt. Wandel brauchte für Gandhi immer Zeit, das Eilige, jede Form von Gewalt, hatte für ihn keinen Bestand.

Im September 1931 reiste Gandhi nach London zu einem weiteren »Runden Tisch« mit der britischen Regierung und war nun auch in Europa ein Star: Überall, wo er sich in der Öffentlichkeit zeigte, wurde er von begeisterten Menschenmassen umlagert. Die einfachen Arbeiter, denen die Hauptlast der Gesellschaft aufgebürdet wurde und deren Interessen er vertreten wollte, waren in seinen Augen »das Salz der Erde« – ob in London

Gandhi während seines Aufenthalts in London, 12. September 1931

oder Delhi. Auf der Konferenz war er der einzige Vertreter des Nationalkongresses und konnte unmöglich an allen Sitzungen der vielen Ausschüsse teilnehmen. Gandhi setzte daher seine ganze Hoffnung allein auf das Gespräch mit dem britischen Premierminister James Ramsay MacDonald, der allerdings innenpolitisch geschwächt in einer großen Koalition mit den Konservativen regieren musste. MacDonald war praktisch politisch handlungsunfähig und konnte Gandhi nicht weiterhelfen. Trotzdem war die Reise nicht vergebens, denn Gandhi wohnte während seines Londonaufenthalts in einem Arbeiterviertel. So hatte er häufig Gelegenheit, mit den einfachen Menschen auf der Straße zu sprechen, mit denen ihn die Kritik an den unhaltbaren ökonomischen Verhältnissen – die Weltwirtschaftskrise befand sich auf ihrem Höhepunkt – verband. Er empfing auch zahlreiche prominente Besucher wie beispielsweise Charlie Chaplin, mit dem er über das Industriezeitalter diskutierte und den er damit zu dessen Film *Modern Times* inspirierte. Schließlich wurde er zum Abschluss der Konferenz sogar vom englischen König und indischen Kaiser Georg V. zu einem Empfang eingeladen. Die Gegensätze hätten nicht größer sein können: Gandhi, gekleidet wie ein Bettler im Khadi-Umhang und mit Sandalen an den nackten Füßen, in all der schillernden Pracht des britischen Hofstaats im Buckingham Palace. Im Gespräch mit einem der mächtigsten Männer der Erde parierte er die Vorwürfe des Königs mit heiterer Gelassenheit. Niemals würden die Briten eine Rebellion in Indien dulden, drohte dieser. Gandhi ließ den König ins Leere laufen, indem er anmerkte, dass er diese Dinge nicht mit Georg V. erörtern würde (der als König den Staat nur repräsentierte, aber politisch bedeutungslos war). Nach dem Empfang machte sich ein Besucher

über die Kleidung Gandhis lustig, worauf dieser erwiderte, dass der König ja genug für zwei angehabt habe, und die Lacher auf seiner Seite hatte. Bei seinem Abschied wartete eine riesige Menschenmenge an der Victoria Station, denn Gandhi war auch für den englischen Durchschnittsbürger längst ein Held geworden. Im Anschluss an die Konferenz besuchte er noch mehrere europäische Länder. So traf er sich in der Schweiz mit Pazifisten, in Italien begegnete er Leo Tolstois Tochter Tatjana und dem faschistischen Diktator Mussolini.

Dem verblüfften Duce erklärte er, sein Staat sei ein Karten-
haus, und bemerkte hellsichtig in einem späteren Gespräch,
Mussolini hätte auf ihn wie ein Metzger gewirkt.

Als Gandhi Ende Dezember wieder in Indien eintraf, be-
grüßte ihn eine riesige Menschenmenge in Bombay. Doch er
war mit leeren Händen zurückgekehrt, und in Britisch-Indien
regierte überdies ein neuer Vizekönig. Gandhi hatte geglaubt,
er könnte nach den gescheiterten Verhandlungen mit dem
Mutterland die Gespräche mit den örtlichen Vertretern der
Kolonialmacht wiederaufnehmen. Daran war jedoch nicht zu
denken. Im Gegenteil gingen die Briten davon aus, Gandhi
würde seine Satyagraha-Kampagne wiederbeleben, nachdem
er in London keine Fortschritte erzielt hatte, und ließen ihn –
sozusagen prophylaktisch – im Januar 1932 zusammen mit anderen Kongresspolitikern und etwa 80 000 Mitstreitern erneut verhaften. Diesmal blieb er bis zum Mai 1933 in Haft,
und sogar eine Deportation Gandhis nach Aden oder auf die
Inselgruppe der Andamanen war im Gespräch. Die Bauern
wurden von der Regierung mit Notverordnungen gepeinigt,
mit Steuererhöhungen rächte man sich für die Unbotmäßigkeit der Kulis. Gandhi fastete im Gefängnis mehrfach, um gegen die Entwicklung im Lande zu protestieren. In seiner Ab-
wesenheit waren separate Wahllisten für die »Unberührbaren«
eingeführt worden, und Gandhi fürchtete eine Zementierung
der sozialen Spaltung seines Landes, die er so vehement be-
kämpft hatte. Als er im August desselben Jahres erneut verhaftet wurde, begann er im Gefängnis ein Fasten bis zum Tod.
Gandhi riskierte sein Leben, um diese Form der Wahl zu verhindern. Die Integration der Parias in die Gesellschaft war
seiner Auffassung nach von entscheidender Bedeutung für
Indiens Zukunft. Die ganze Nation blickte wieder einmal
atemlos auf diesen Mann. Und er setzte sich durch: Die Kastenlosen bekamen feste Listenplätze des Nationalkongresses,
und Gandhi wurde am achten Fastentag in die Freiheit entlassen. Dennoch steckte die indische Unabhängigkeitsbewegung
1933 in einer Sackgasse.

**Wieder im
Gefängnis**

Zeit und Ewigkeit (1934-1948)

1934 trat Gandhi aus dem Nationalkongress aus. Er sah sich
selbst nicht als Politiker und konnte es mit seinen Grundsätzen nicht vereinbaren, sich im Zweifelsfall der Parteidisziplin **Austritt**
beugen zu müssen. Dennoch kam die Partei ohne seinen Rat **aus dem**
und seine Bedeutung als Idol der Massen nicht aus, und er **Kongress**
wurde häufig von Kongresspolitikern konsultiert. Der Vizekönig hatte inzwischen die Notverordnungen aufgehoben,
da Wahlen zum Zentralparlament anstanden. Der Kongress
zeigte sich kooperationsbereit und erzielte bei der Wahl, bei
der allerdings nur zehn Prozent der Bevölkerung stimmbe-
rechtigt waren, einen großen Erfolg. 1935 erhielt Indien eine
neue Verfassung von britischen Gnaden, die auch die formal
unabhängigen Fürstentümer, die unter Aufsicht der »Politischen Agenten« (Resident oder Political Agents) des Empire
standen, in den gesamtindischen Bundesstaat einbeziehen
sollte. Allerdings ließen sich die Fürsten nicht auf diesen Plan
ein, und auch in Großbritannien traf die Verfassung, namentlich bei Winston Churchill, auf erbitterten Widerstand, da sie
eine stärkere Beteiligung indischer Politiker an der Regie-
rungsverantwortung vorsah, ohne jedoch der Forderung nach
dem Dominion-Status nachzugeben.

Gandhi befasste sich zunehmend mit dem Problem der aus
dem indischen Kastensystem resultierenden sozialen Ungleichheit. Er nannte die »Unberührbaren« auch »Menschen Gottes« (Harijan) oder »Kinder Gottes«. Bereits 1933 hatte er die
Zeitschrift *Harijan* gegründet, in der er fortan publizierte. Vgl. S. 79
Der Kampf gegen die fremden Unterdrücker konnte seiner
Meinung nach nur dann erfolgreich sein, wenn man selbst die
Unterdrückung in der eigenen Gesellschaft bekämpfte. So
wurde für ihn nun auch die Gleichberechtigung von Mann Vgl. S. 90 f.
und Frau zu einem wichtigen gesell-
schaftlichen Ziel. Er hatte die Prio-
ritäten verändert und konzentrierte
sich jetzt ganz auf seine soziale Arbeit. Viele Kongressmitglieder waren

> »Wenn Gewaltfreiheit das Gesetz unseres
> Seins darstellt, gehört die Zukunft der
> Frau.« (Mahatma Gandhi; zit. n. Gandhi-
> Informations-Zentrum 1988, S. 139)

enttäuscht, dass Gandhi sich einer neuen Fragestellung zuge-
wandt hatte, und sprachen ihm die Fähigkeit zur politischen

> »Ich habe immer gefunden, daß viel erreicht werden kann, wenn der Dienende wirklich dient und den Leuten nicht befiehlt. Wenn der Dienende selbst Arbeit auf sich nimmt, werden andere in seine Fußstapfen treten.« (Gandhi über sein Arbeitsethos; *Mein Leben*, S.162)

Führung ab, insbesondere sein radikaler Gegenspieler Subash Chandra Bose, der zur Erreichung der Unabhängigkeit im Zweiten Weltkrieg sogar mit den Japanern kooperieren sollte. Gandhi war zu dieser Zeit gesundheitlich geschwächt, nach seinem letzten Hungerstreik hatte er nur noch 38 Kilogramm gewogen. Dennoch reiste er durch ganz Indien, um Spenden für die »Gotteskinder« zu sammeln.

Neuer Lebensmittelpunkt

1936 beschloss Gandhi, immerhin zu diesem Zeitpunkt bereits 66 Jahre alt, einen neuen Lebensmittelpunkt zu wählen. Die 700 000 Dörfer Indiens waren für ihn das Zentrum des Lebens, während die Städte – häufig nur zu Ausbeutungszwecken von den Kolonialherren an der Küste gegründet – für Gandhi die Pestbeulen des Landes darstellten. Er verließ den Ashram in Ahmedabad und gründete in Sevagram, einem Dorf in Zentralindien, einen neuen Ashram. In der sengenden Hitze, weit entfernt von jeglicher Infrastruktur, führten seine Frau und er ein äußerst spartanisches Leben in einer kleinen Hütte. Gandhi lehrte die Dorfbewohner viel über Hygiene und die Organisation ihrer wirtschaftlichen Eigenständigkeit. Menschen aus dem ganzen Land und aus aller Welt kamen hierher, um von Gandhi zu lernen. 1940, als aus der Hütte längst eine Siedlung geworden war, baute man auch eine asphaltierte Straße nach Sevagram. Gandhi hatte einen sehr straff organisierten Terminkalender, den er mit strenger Disziplin einhielt. Er brauchte nur vier Stunden Schlaf und begann bereits vor der Morgendämmerung gegen vier Uhr mit seiner umfangreichen Korrespondenz, später empfing er Besucher oder besuchte selbst andere Menschen. Bei den morgendlichen und abendlichen Spaziergängen war er von einer Schar Schüler umgeben, die gebannt an seinen Lippen hingen. Er schärfte seinen Zuhörern ein, ihre eigenen

Leben

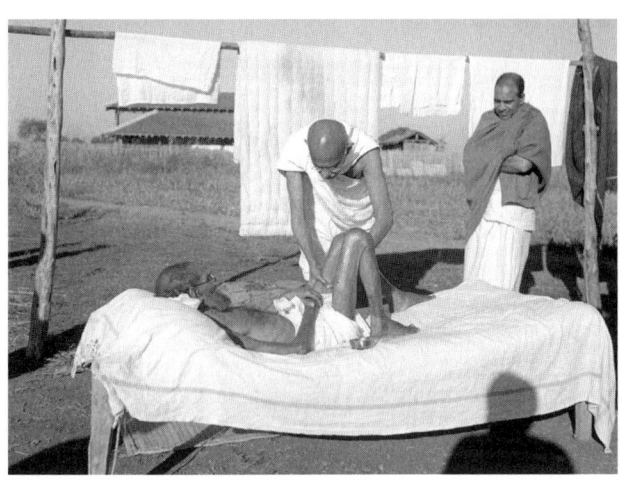

Bei der Pflege
des leprakranken
Sanskritgelehrten
Parchure Shastri
in Seagon, 1939

»Experimente mit der Wahrheit« zu machen. Denken, Reden und Handeln waren bei Gandhi eins. Erst hatte er eine Idee, dann probierte er ihren praktischen Nutzen aus und sprach anschließend über seine Erfahrung. Von Gandhi konnten sie nicht nur die Philosophie des gewaltlosen Widerstands lernen, sondern auch die konkreten politischen Techniken, die Praxis der Umsetzung politischer Ideen.

Winston Churchill, Imperialist alter Schule, hatte auch im Namen Indiens Nazi-Deutschland den Krieg erklärt, ohne auch nur einen indischen Politiker darüber zu informieren. Gandhi hatte kurz vor Ausbruch des Kriegs 1939 noch in einem Brief an Hitler appelliert, keinen Krieg zu beginnen. Gandhi war keineswegs naiv, er empfahl den deutschen Juden allerdings zu spät, erst nach der Pogromnacht im November 1938, den gewaltfreien Widerstand als Methode gegen ihre Verfolgung im »Dritten Reich«. Martin Buber widersprach Gandhi öffentlich mit aller Leidenschaft, denn gegen nackte Brutalität und Tyrannei, gegen die physische Auslöschung einer Minderheit müsse der zivile Ungehorsam eines Gandhi versagen. Das Schicksal deutscher Pazifisten, wie das des Friedensnobelpreisträgers von 1935 Carl

»Aber wissen Sie, oder wissen Sie nicht, Mahatma, was ein Konzentrationslager ist und wie es darin zugeht [...]?« (Martin Buber in einem offenen Brief an Gandhi vom 24. Februar 1939; zit. n. Bartolf 1998, S. 16)

von Ossietzky, der 1938 an den Folgen seiner KZ-Haft starb, hatte Buber in dieser Debatte lebhaft vor Augen, Hitlers unerträgliche Hasstiraden im Ohr. Die Politiker des Kongresses sahen in Churchills Verhalten einen Affront und zogen sich aus jeglicher Regierungsbeteiligung zurück. Subhas Chandra Bose wurde als Kongresspräsident abgewählt und sympathisierte fortan mit Hitler. Gandhi initiierte 1940 eine Kampagne und wählte Politiker aus, die sich öffentlich gegen eine Kriegsteilnahme Indiens aussprechen sollten. Andere folgten

Zweiter Weltkrieg ihnen, bald waren 200 000 Satyagrahis in Haft. Mit dem Kriegseintritt Japans im Dezember 1941 veränderte sich die Lage dramatisch, die britische Kolonialarmee, deren Offizierskorps hauptsächlich aus Briten bestand, während die Mannschaftsdienstgrade fast ausschließlich mit Indern besetzt waren, stand kurz vor einer militärischen Auseinandersetzung zur Verteidigung der Grenzen. Die Truppen des Tenno rückten immer näher an die britischen Kolonien heran, sie besetzten das britische Burma und internierten in der strategisch so wichtigen Seefestung Singapur 70 000 britische Soldaten. Die Briten standen in Europa mit dem Rücken zur Wand, während die deutsche Blitzkriegmaschinerie erbarmungslos weiterlief. Nun mussten sie an zwei Fronten kämpfen und waren zu Zugeständnissen an die Inder bereit. Nach Kriegsende, so erklärte Churchill schließlich unter dem Druck des US-amerikanischen Präsidenten Roosevelt, solle die Kolonie in die seit langem geforderte Selbstverwaltung innerhalb des Imperiums entlassen und damit die langjährige Forderung nach dem Dominion-Status eingelöst werden. Es könne sofort eine nationale Regierung gebildet werden, allerdings ohne das Verteidigungsministerium und unter Aufsicht des Vizekönigs. Auf diese Weise hoffte man den Kongress zu einer Kooperation zu bewegen. Der Kongress lehnte jedoch durch seine Verhandlungsführer Nehru und den aktuellen Kongresspräsidenten Maulana Abdul Kalam Azad den Vorschlag ab, da er keinen wirklichen Machtzuwachs bedeutete. Auf einer Tagung des Arbeitskomitees des Kongresses wurden im Juli 1942 mit der Proklamation des »Quit India« die Briten zum Verlassen des Landes aufgefordert.

Am Morgen nach der Verkündung der Forderung wurden Gandhi und führende Kongressmitglieder verhaftet. Wieder diskutierte man die Deportation der Freiheitskämpfer, diesmal sollte das Ziel Südafrika sein. Der Kongress wurde verboten und sein Vermögen eingezogen. Gandhi hatte Ausschreitungen nach seiner Verhaftung erwartet und musste nun hilflos im Gefängnis zusehen, wie eine Welle der Gewalt über das Land fegte. Junge Kongressmitglieder zerstörten die Infrastruktur des Landes, attackierten Regierungsgebäude und Polizeistationen, und Streiks und Demonstrationen brachten das öffentliche Leben zum Erliegen. Die Briten reagierten mit brutaler Härte, am Ende gab es 900 Tote und 60 000 politische Gefangene. Bis Mai 1944 blieb Gandhi in Haft und erlebte als alter Mann seine bittersten Stunden. Zunächst starb sein engster Mitarbeiter und bester Freund Mahadev Desai, wenige Tage nach ihrer Ankunft im Gefängnis. Gandhi war tief erschüttert, er wusch die Leiche selbst und schmückte sie vor der feierlichen Verbrennung mit Blumen. Seine Frau Kasturba, die auch in diesen finsteren Zeiten nicht von seiner Seite gewichen und mit ins Gefängnis gegangen war, obwohl ihr ganzes Leben voller Entbehrungen und Armut gewesen war, starb Anfang 1944 ebenfalls in einem britischen Kerker. Gandhi war nun Witwer, seine Kinder längst erwachsen. Sein Sohn Manilal unterstützte Gandhi als politischer Aktivist, er lebte seit 1917 in der Phoenix-Siedlung und gab die vom Vater gegründete Zeitschrift *Indian Opinion* heraus. Die Söhne Ramdas und Devdas waren in Indien an der Seite des Vaters politisch aktiv, Devdas wurde später Herausgeber der *Hindustan Times*. Nur der älteste Sohn Harilal hatte ein schwieriges Verhältnis zum Vater und versuchte eigene Wege zu gehen. Er wurde Muslim, später wieder Hindu, hatte Alkoholprobleme und starb nur wenige Monate nach seinem Vater an Tuberkulose. Die Enkel sollten später das politische und publizistische Erbe Gandhis in ihrer Heimat antreten: Arun Gandhi wurde sozialpolitischer Aktivist, Rajmohan Gandhi politisch aktiver Journalist und Gopalkrishan Gandhi Politiker, der im Jahr 2004 zum Gouverneur von West-Bengalen gewählt wurde. Als Gandhi endlich zum letzten Mal entlassen

Kasturbas Tod im Gefängnis

wurde, hatte er mehr als sechs Jahre seines Lebens in verschiedenen südafrikanischen und indischen Gefängnissen verbracht.

Die Spaltung
Indiens

Die religiöse Spaltung Indiens in Hindus und Muslime war zugleich auch eine soziale und politische Spaltung. Die Hindus stellten im Regelfall die Großgrundbesitzer und indische Oberschicht, die Muslime dagegen waren häufig kleine Pächter. Die Briten hatten sich die sozialen Unterschiede zunutze gemacht und nach dem Prinzip des »divide et impera« beide Bevölkerungsgruppen immer wieder gegeneinander ausgespielt. Nun, gegen Kriegsende, hatte sich Jinnah, der Vorsitzende der Muslimliga, für eine Teilung des Landes in ein hinduistisches Indien und ein islamisches Pakistan ausgesprochen. Die Kongresspolitiker, die immer einen Ausgleich beider Gruppen gefördert und für eine gesamtindische Lösung plädiert hatten, waren in der öffentlichen Debatte durch ihre Gefangenschaft verstummt. Nach seiner Rückkehr in die Freiheit suchte Gandhi das Gespräch mit Jinnah, konnte ihn aber nicht mehr umstimmen. Nach dem gewonnenen Krieg, in dem zwei Millionen Inder an allen Fronten gegen die Gegner des Britischen Empire gekämpft hatten, wurde es nun ernst mit den britischen Versprechungen. Gandhi beteiligte sich in dieser Zeit nicht an den Verhandlungen zur Bildung einer nationalen Regierung. Ihn beschäftigte die Atombombe, in der er ein neues Instrument zur Unterdrückung der Völker sah. Daher kritisierte er auch diese schreckliche Massenvernichtungswaffe und ihren Einsatz durch die US-Amerikaner in Hiroshima und Nagasaki mit allem Nachdruck erst zu einem Zeitpunkt, als er sicher sein konnte, dass sie gegen die Unabhängigkeitsbestrebungen Indiens nicht eingesetzt werden würde.

Im Sommer 1946 hatte Indien immer noch keine Regierung, und es sollte eine verfassunggebende Versammlung einberufen werden. Jinnah erkannte die Souveränität einer solchen Versammlung nicht an und wollte sich mit seiner Muslimliga nicht beteiligen, denn sein Ziel war ein eigenständiger muslimischer Staat auf indischem Boden. Daraufhin wurde eine Interimsregierung unter Nehru gebildet. Jinnah kündigte im

August 1946 aus Protest einen »Tag der direkten Aktion« an, der in Kalkutta in einem Massaker an Tausenden Hindus endete. Kurz darauf breiteten sich die Unruhen auch auf die gesamte Region, Bihar und Teile Bengalens, aus. Die Hindus nahmen blutige Rache, und bald waren die jeweiligen religiösen Minderheiten in allen Provinzen Indiens in akuter Gefahr. Jahrhundertealte soziale und religiöse Spannungen entluden sich nun in Gewalt. Noch einmal machte sich Gandhi, mittlerweile ein alter Mann, auf den Weg, um Frieden zu stiften. Er wanderte allein von Dorf zu Dorf, sprach mit Hindus und Muslimen gleichermaßen und versuchte den gewalttätigen Auseinandersetzungen ein Ende zu setzen. Im Juni 1947 verkündete der britische Premierminister Clement Richard Attlee die Teilung Britisch-Indiens in zwei unabhängige Staaten. Der Kongress und die Muslimliga stimmten dem Plan zu, Gandhi war tief enttäuscht über seine gescheiterten Bemühungen um einen Ausgleich zwischen den beiden Gruppen. Es begann die Zeit der Flucht vieler Hindus und Muslime, die Millionen Menschen das Leben kostete und weitere Millionen zu Flüchtlingen im eigenen Land machte. Diese religiöse Spaltung war die größte Tragödie in der Geschichte Indiens. Im August 1947 wurden Indien und Pakistan unabhängig, Nehru und Jinnah die neuen Staatschefs der jeweiligen Staaten. Gandhi war unendlich deprimiert. Indien hatte zwar gewaltlos seine Freiheit erlangt, versank nun aber im Teufelskreis von Gewalt und Gegengewalt.

Nach seiner Wanderung zog Gandhi in eine kleine Hütte in einem Harijan-Viertel am Rande Delhis. In den Großstädten, die religiös stärker gemischt waren als die Dörfer des Landes, tobten die Kämpfe am heftigsten. Gandhi, dem sich ein Bild des Grauens bot, da die vielen Leichen nicht mehr verbrannt wurden, wollte hier seine Friedensmission fortsetzen. Täglich kamen Politiker und Journalisten zu Besuch, Gandhi hörte zu und sprach, während er Garn spann. Am Tag der Unabhängigkeit hielt er sich in Kalkutta auf, um möglichen Unruhen entgegenzuwirken. Er setzte wieder einmal das Fasten als symbolischen Akt gegen die Gewalt ein, hatte damit aber immer nur noch kurzfristig Erfolg. Neun Tage nach seinem Fasten

Die blutige Teilung

»Es gibt keinen ›Gandhismus‹, und ich will keine Sekte hinter-
lassen. Ich erhebe keinen Anspruch darauf, irgendein neues
Prinzip oder eine neue Lehre gefunden zu haben. Ich habe lediglich in meiner eigenen Art versucht, die ewigen Wahrheiten
auf unser tägliches Leben und seine Schwierigkeiten anzuwen-
den. [...] Die Meinungen, die ich mir gebildet habe, und die
Folgerungen, zu denen ich gekommen, sind nicht endgültig.
Vielleicht verändere ich sie morgen schon. Ich habe die Welt
nichts Neues zu lehren. Wahrheit und Gewaltfreiheit sind so alt
wie die Berge. Alles, was ich getan habe, ist, daß ich versuchte, in beidem Experimente auf einer möglichst breiten Basis durchzuführen. Dabei habe ich mich manchmal geirrt, und
ich habe von meinen Fehlern gelernt. So wurden das Leben
und all seine Probleme für mich zu Experimenten in der praktischen Anwendung von Wahrheit und Gewaltfreiheit.« (Gandhi
über sein politisches Vermächtnis; zit. n. Gandhi-Informations-
Zentrum 1988, S. 129 f.)

kam es in Kalkutta zu blutigen Auseinandersetzungen, in
Delhi und im Panjab sollten sich die Szenen wiederholen.
Gandhis Einfluss auf die Menschen war nur noch begrenzt.
Da seine öffentlichen Gebetsversammlungen immer multire-
ligiös angelegt waren, zog er sich zudem den Hass der Fanati-
ker zu. Sie wollten keine Bibelzitate und Koranverse mehr
hören, das waren für sie die Worte des alten und des neuen
Feindes, so dass er teilweise gezwungen war, solche Veranstal-
tungen sogar abzubrechen. Indien taumelte in einen Blut-
rausch, und auch seine abendlichen Radioansprachen schie-
nen nichts mehr zu bewirken. Im Januar 1948 kündigte er ein
Fasten bis zum Tode an, wenn die Gewalt nicht aufhöre. Sein
Leiden berührte viele Menschen, und in seiner letzten Heimat
Delhi gab es große Friedensdemonstrationen. Er hatte sich zu
diesem Zeitpunkt jedoch bereits zahlreiche Hindu-Fanatiker
zu Feinden gemacht, als er von der indischen Regierung
Nehru die faire Aufteilung des Staatsschatzes der ehemaligen
Kolonie verlangte. Obwohl zu diesem Zeitpunkt bereits ein
Krieg zwischen beiden Ländern, vor allem um Kaschmir,
tobte, setzte sich Gandhi durch. Der entfesselten Gewalt und

Der Trauerzug
durch Delhi am
31. Januar 1948

den sozialen Spannungen, die jahrzehntelang von den Kolonialherren unterdrückt worden waren, wollte er mit einem
Friedensmarsch nach Pakistan entgegenwirken, zu dem es jedoch nicht mehr kam. Er war inzwischen nur noch ein ein-
samer Mahner, der die Fanatiker nicht mehr überzeugen
konnte, den Weg in die Freiheit friedlich zu gestalten. Am 20.
Januar 1948 explodierte eine Bombe auf einer Gebetsver-
sammlung, Gandhi blieb bei diesem Anschlag unverletzt,
aber nur zehn Tage später, am 30. Januar, wurde er bei einer   **Die Ermordung**
Andacht von dem Hindu-Fanatiker Nathuram Vinayak God-   **Gandhis**
se erschossen. Der Mörder war aus der Menge getreten und
hatte aus nächster Nähe dreimal gefeuert. Zwei Tage vor dem
Attentat hatte Gandhi noch gesagt, falls er durch die Kugel eines Fanatikers sterben sollte, würde er es mit einem Lächeln

>»Alle, die eine bessere Zukunft des Menschengeschlechts an-
streben, sind erschüttert durch Gandhis tragisches Ende. Er
starb als ein Opfer seines eigenen Prinzips der ›non-violence‹,
indem er in einer Zeit der nationalen Wirren und allgemeinen
Aufregung in seinem Lande persönlichen Schutz durch Bewaffnete ablehnte. Sein unerschütterlicher Glaube war, dass Gewalt an sich böse sei und deshalb im Streben nach den höchsten und gerechtesten Zielen vermieden werden müsse.« (Albert Einstein am 11. Februar 1948; Einstein 2004, S. 468)

tun. Es dürfe keine Furcht in ihm sein. Gott solle in seinem
Herzen und auf seinen Lippen sein. Gandhi starb mit den
Worten »Hé Ram!« (Oh Gott!). Um die Hütte des Toten versammelten sich Tausende von trauernden Menschen, Freunde
sangen am Totenbett die ganze Nacht Verse aus der *Bhagavad-
Gita*. Am nächsten Tag säumten Millionen Menschen den
Weg des Trauerzugs mit dem Leichnam Gandhis durch Delhi.
Es dauerte fünf Stunden, bis der Zug die Verbrennungsstätte
am Fluss Jamuna erreicht hatte. Hier wurde Gandhis Körper
nach hinduistischem Brauch verbrannt und die Asche später
in den Ganges gestreut. Sein unsterblicher Geist inspiriert bis
heute die Menschen in aller Welt.

Werk

Publizist und Rhetoriker

Gandhi hat in seinem langen Leben sehr viel publiziert. Er hat zahlreiche Reden sowie Radioansprachen gehalten und der nationalen und internationalen Presse vielfach Interviews gegeben. Er führte eine umfassende Korrespondenz und beantwortete schriftlich Anfragen aus aller Welt. Die Materialfülle an Selbst- und Fremdzeugnissen ist daher fast kaum zu überschauen. Gandhi gründete eigene Zeitungen, die das Sprachrohr seiner Bewegung waren: die wöchentlich in Englisch und Gujarati erscheinende *Indian Opinion* in Südafrika 1904 (ihr Erscheinen wurde 1961 eingestellt), die englischsprachige Wochenzeitung *Young India* mit ihrem ins Gujarati übersetzten Pendant *Navajivan* 1919 (beide 1932 eingestellt) sowie 1933 die Zeitung *Harijan* (1956 eingestellt), die sich ausschließlich mit den Problemen der »Unberührbaren« befasste. Gandhi war dabei zu Beginn Herausgeber, Drucker und Journalist in einem. Die *Indian Opinion* wurde auf seiner Farm gedruckt, und erst später legte er die Arbeitsorganisation in die Hände erfahrener Mitarbeiter.

Gandhi
als Journalist

> »Doch seine Schriften tun ihm unrecht; sie spiegeln seine Größe nicht wider, und es ist nicht ganz gerechtfertigt, zu zitieren, was er geschrieben hat, und es zu kritisieren. Sein Lächeln schenkt Freude, sein Lachen ist ansteckend, und er strahlt Fröhlichkeit aus. Etwas Kindliches ist um ihn, das bezaubert.« (Jawaharlal Nehru über Gandhi; zit. n. Gandhi-Informations-Zentrum 1988, S. 174)

Auch wenn Gandhi weniger den klassischen Buchautor als vielmehr in erster Linie den Journalisten und Redner verkörperte, publizierte er, neben seinen Artikeln und Briefen, auch umfangreichere Texte. Den Anfang machte 1896 das *Green Pamphlet* aus der Frühzeit seiner politischen Aktivität, das die Lage der indischen Minderheit in Südafrika beschreibt. 1909 veröffentlichte er *Hind Swaraj*, das 1910 in der englischen Übersetzung als *Indian Home Rule* erschien. In dieser Veröf-

Vgl. S. 41

Der unermüd-
liche Redner:
Mahatma Gandhi
vor dem
Mikrophon

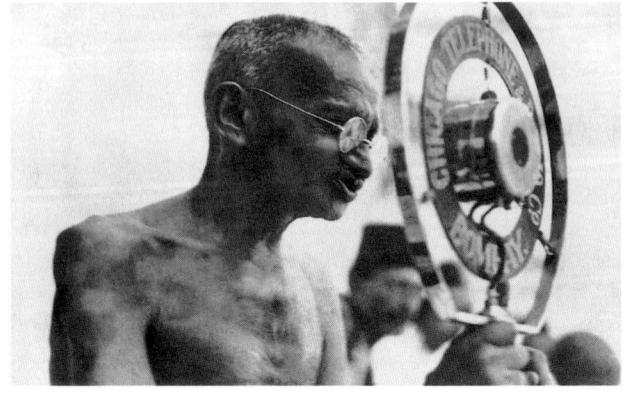

fentlichung kommentierte Gandhi die Unterdrückung Indiens, forderte die Selbstverwaltung des Landes innerhalb des
Empire und setzte erste Akzente in der indischen Innenpolitik. Das im Dialogstil in wenigen Wochen auf einem Schiff
verfasste Werk kritisiert nicht nur indische und englische Politiker, sondern auch ganz allgemein westliche Zivilisation
und technischen Fortschritt. 1927 wurde seine Autobiogra-
Vgl. S. 58 phie auf Englisch publiziert (*An Autobiography or the story of
my experiments with truth*), die zuvor als Artikelserie im *Navajivan* abgedruckt worden war. Ein Jahr später wurden seine
Lebenserinnerungen aus seinen südafrikanischen Jahren, *Satyagraha in Südafrika*, veröffentlicht, die er einem Mithäftling
1922 bis 1924 im Gefängnis diktiert hatte. Doch bereits lange
vor seiner Autobiographie erschien 1909 in Südafrika die erste

Übersetzung
von Gandhis
Aufsätzen, er-
schienen 1924

Biographie über Gandhi. Der Vorsitzende der Baptistengemeinde von Johannesburg, Joseph John Doke, zeich-
nete unter dem Titel *Gandhi, A Patriot
in South Africa* Gandhis politische Arbeit in Südafrika nach. Bis in die Gegenwart erscheinen immer wieder neue
Biographien.

Sein publizistisches Vermächtnis findet
auch heute noch, vor allem in Indien,
aber auch in den westlichen Ländern,

Werk

in Form von Büchern und Broschüren großes Interesse. Auf eine umfassende Werkschau muss an dieser Stelle verzichtet werden, da die gesammelten Werke Gandhis, die seit 1958 in Neu-Delhi in englischer Sprache herausgegeben werden, bereits über 100 Bände umfassen. Stattdessen sollen im Folgenden Gandhis Ideen, Reflexionen seines politischen Lebens und seine Selbsteinschätzung anhand der in Deutschland verfügbaren Textsammlungen exemplarisch dargestellt werden.

Autobiographie
Mein Leben. Frankfurt a. M.: Suhrkamp, 1983
Von 1924 bis 1927 schrieb Gandhi in wöchentlichen Kolumnen seine Autobiographie *Die Geschichte meiner Experimente mit der Wahrheit* über seine Kindheit, Jugend, sein Studium, seinen Weg als Rechtsanwalt und politischer Aktivist von Südafrika bis Indien. Zusammen mit seinen im Gefängnis verfassten und 1928 publizierten Erinnerungen, *Satyagraha in Südafrika* (1922-1924), wurden sie von seinem Weggefährten, dem englischen Missionar Charles Freer Andrews, unter dem Titel *Mein Leben* (*His Own Story*; in deutscher Sprache erstmals 1930 erschienen) in einer Zusammenfassung veröffentlicht. Später fügte Andrews ihr mit *Lehre und Tat* (*His Life and Ideas*) einen zweiten Teil hinzu. Beide Bände der von Andrews herausgegebenen Lebenserinnerungen, die Biographie von Romain Rolland über Gandhi (*Mahatma Gandhi*, 1924) sowie die im Züricher Rotapfel-Verlag veröffentlichten Kompilationen seiner Artikel *Jung-Indien* und *Mahatma Gandhis Leidenszeit*, machten Gandhi bereits zu Lebzeiten auch im deutschsprachigen Raum sehr populär.
Gandhi geht in seinen Lebenserinnerungen streng chronologisch vor. Allerdings enden die Aufzeichnungen in den zwanziger Jahren mit der Veröffentlichung der beiden Bände. Gandhis Interesse gilt den Ereignissen in seinem Leben und der Frage, wie diese ihn verändert haben. Den Lebensalltag oder seinen täglichen Rhythmus spart er dagegen aus. Er berichtet vergleichsweise schlicht und ohne literarische Ambitionen aus seinem Leben, als säße er unter einem Baum und

Stil

erzähle von seinen Erlebnissen. Die Personen, von denen er schreibt, werden anhand ihrer Tätigkeit oder ihres Charakters beschrieben und nicht anhand von äußeren Merkmalen. Seine Aufzeichnungen wirken daher sehr privat und persönlich; hier spricht nicht ein Politiker des Kongresses oder der Führer einer sozialen Bewegung, sondern ein normaler, durchschnittlicher Mensch. So schildert er ein Gespräch mit dem britischen Vizekönig genauso nüchtern und präzise wie das Gespräch mit einem Bauern. Zur Zeit der Niederschrift hatte sich Gandhi schon innerlich vom Politikbetrieb des indischen Nationalkongresses sowie der indischen Innenpolitik gelöst. Gandhis Beschreibung seiner Tätigkeit in Indien – oder zumindest die Auswahl, die er für den europäischen Leser aus dem umfangreichen Werk getroffen hatte – konzentriert sich stärker auf seine soziale Arbeit. Er beschreibt ausführlich einzelne Kampagnen, etwa gegen Steuererhöhungen, stellt jedoch in diesem Zusammenhang ganz uneitel die eigene Wirkung und Bedeutung in den Hintergrund.

> »Seine Sprache war einfach und ungeschmückt, seine Stimme und Erscheinung kühl und bar aller seelischen Erregung, aber hinter dieser äußerlichen Eisdecke brannte die Hitze eines lodernden Feuers konzentrierter Leidenschaft; die Worte, die er äußerte, schwangen sich in die innersten Winkel unserer Hirne und Herzen und verursachten dort eine seltsame Gärung. Der Weg, den er wies, war hart und schwierig, aber es war ein mutiger Pfad, und er führte, so schien es, zu dem versprochenen Land der Freiheit.« (Jawaharlal Nehru über Gandhi; zit. n. Gandhi-Informations-Zentrum 1988, S. 173)

In den ersten Kapiteln schildert Gandhi sehr offen das, was er als Verfehlungen seiner Jugend ansah, wie die Experimente mit Fleisch und Zigaretten, die er vor seiner strenggläubigen Hindufamilie verheimlichte. In der Rückschau wird aus der Neugier des Heranwachsenden eine psychologische Fallstudie, eine Abfolge von Experimenten mit dem eigenen Selbstverständnis und den ethischen Grundsätzen von Familie und Gesellschaft. Gerade in der Verdichtung einer Abfolge wöchentlicher Kolumnen zu einer Monographie wird diese durchgängige Stilisierung seiner Erfahrungen sehr deutlich.

Sehr kritisch stellt er seine Vermählung dar, bereits mit sieben Jahren ist er verlobt, die Heirat folgt mit 13 Jahren. Seiner Auffassung nach sollten Hochzeiten nicht ohne Mitsprache der Brautleute von den Eltern arrangiert werden, auch das im damaligen Indien durchaus übliche Heiratsalter sei unmoralisch, da dem Ehepaar die entsprechende Reife für diesen wichtigen Schritt fehle (*Mein Leben*, S. 11). Er spricht sich sehr lobend über seine Frau aus, doch sie hatte an seiner Seite vieles zu ertragen: seinen jugendlichen Egoismus, seine Eifersucht und seinen Jähzorn, seine Experimente mit der englischen Lebensweise, die ihren traditionellen Vorstellungen widersprachen, genauso wie sein Umschwenken in das andere Extrem, den materiellen Verlust bei seinem Gelübde der Besitzlosigkeit, die Armut, die harte Arbeit, die Gefängnisaufenthalte. Ihm war das in späteren Jahren durchaus bewusst, und er hat gerade die indischen Frauen aufgefordert, sich nicht von ihren Männern unterdrücken zu lassen. Gandhis Kinder hingegen tauchen in seiner Lebensbeschreibung kaum auf. Vgl. S. 73

Trotz seiner langen Schul- und Studienzeit erwähnt er kaum inhaltliche Details. »Soweit ich mich erinnern kann, maß ich meinen geistigen Fähigkeiten keine allzu große Bedeutung bei, war jedoch auf meinen Charakter ängstlich bedacht« (*Mein Leben*, S. 14). Gandhis Vater war in seinen Augen, trotz seiner hohen Stellung, eher ein Mann mit Herzensbildung und Lebenserfahrung. Seine Mutter konnte noch nicht einmal lesen und schreiben, war aber dennoch in ihrer Heimatstadt für ihre klugen Ratschläge bekannt. Die Texte, die Gandhi wirklich beeindruckten, waren religiöse Schriften wie die *Bhagavad-Gita* oder die Bergpredigt. Dabei sprachen ihn die Ideen der Gewaltlosigkeit und der persönlichen Entsagung besonders an. Und nicht zuletzt entdeckte er seine Faszination für Tolstoi.

Während Shrimat Rajchandra – Gandhi nannte ihn bei sei-

> »Drei Menschen der modernen Zeit haben tiefe Wirkung auf mein Leben ausgeübt und mich in ihren Bann gezogen: Raychandbhai [...], Tolstoi [...] und Ruskin.« (Gandhi über seine Vorbilder; *Mein Leben*, S. 58)

nem Kosenamen »Raychandbhai« – ein Freund und Gesprächspartner vor allem in religiösen und philosophischen
Fragen war, waren es die Schriften von Tolstoi und Ruskin,
die ihn bewogen, eine Alternative zu einem bürgerlichen, ma-
terialistisch ausgerichteten Leben zu suchen und in die Praxis
umzusetzen. 1904 hatte er *Unto this last* von John Ruskin gelesen und war fasziniert davon, wie Ruskin Ethik und Wirtschaft verband. Ruskin verurteilte den westlichen Industrie-
kapitalismus als menschenunwürdig; nicht der Profit, schrieb
er, solle im Mittelpunkt der Arbeit stehen, sondern der Dienst
an der Gesellschaft.

Vorbilder,
vgl. S. 22,
26 f. u. 34

Tolstoi war nicht nur Schriftsteller, sondern auch religiös in-
spirierter Sozialreformer. Er unterrichtete die Kinder der Bauern, schrieb Schulbücher, und seine Pädago-
gik beeinflusste noch lange nach seinem Tod
die Reformbewegung der Freien Schulen wie
Summerhill. Der kleinen pazifistisch lebenden
und verfolgten Religionsgemeinschaft der Du-
choborzen verhalf er 1899 zur Auswanderung
nach Kanada, aufgrund seiner religiösen Auffassung wurde er exkommuniziert, und öffentliche Anerkennung wie den Nobelpreis lehnte er demonstra-
tiv ab. Gandhi sah in Tolstoi, mit dem er kurz vor dessen Tod
im Briefwechsel stand, sein Vorbild, und Tolstois Nachfolge
anzutreten war sein Ziel. Aber Gandhi ging mit seiner Praxis
weit über Tolstois Bemühungen hinaus. Er lag mit seinen religiösen Vorstellungen quer zur Hindutradition und wurde aus
seiner Kaste ausgestoßen. Seine Orden und bürgerlichen Titel
gab er den Briten zurück. Er unterrichtete ebenfalls Kinder
und setzte sich für eine Minderheit ein. Politisch war Gandhi
jedoch wesentlich erfolgreicher als Tolstoi.

Die Tolstoi-Farm
im Transvaal,
1913

Vgl. S. 94 f.

Gandhis Religiosität leitete sein Handeln, das eine ist deshalb
nicht vom anderen zu trennen. So brach er immer wieder politische Aktionen ab, wenn es zu Gewalttaten kam, die mit
seiner unbedingten Achtung alles Lebendigen unvereinbar
waren. Seine Aufrichtigkeit verbot ihm Täuschung und
strategische Lügen, die durchaus zum Repertoire des Politikers gehören. Er teilte die Überzeugung von Tolstoi, Thoreau

»Ich strebe danach, eins zu werden mit allem, was da lebt. [...]
So ist meine Vaterlandsliebe für mich nur eine Strecke auf meiner Reise in das Land ewiger Freiheit und ewigen Friedens.
Woraus denn ersichtlich wird, daß es für mich keine Politik
gibt, die nicht zugleich Religion wäre. Politik dient der Religion. Politik ohne Religion ist eine Menschenfalle, denn sie tö-
tet die Seele.« (Gandhi über das Verhältnis von Religion und
Politik; *Mein Leben*, S. 260 f.)

»Aber die Satyagrahis können versichert sein: wenn auch nur
einer unter ihnen ist, der rein ist wie Kristall, so wird sein Opfer genügen, um das ersehnte Ziel zu erringen. Die Welt beruht
auf dem Grundfelsen von Satya oder Wahrheit. Asatya, gleich-
bedeutend mit Unwahrheit, bedeutet auch ›nicht vorhanden‹;
und Satya oder Wahrheit bedeutet ›das, was ist‹. Wenn Unwahrheit nicht einmal vorhanden ist, kann auch ihr Sieg niemals sein. Und die Wahrheit kann als ›das, was ist‹ niemals
vernichtet werden. Das ist in Kürze die Lehre von Satyagraha.«
(Gandhis Definition der ethischen Grundlage der Gewaltfreiheit; *Mein Leben*, S. 156 f.)

oder Ruskin, dass eine kapitalistische Wirtschaftsordnung
den Menschen von seiner göttlichen Bestimmung wegführt.
Gandhis Wirken erstreckte sich dabei ebenso auf praktische
Ziele wie die Gleichberechtigung der indischen Minderheit in
Südafrika oder später die Eigenstaatlichkeit Indiens wie auf
spirituelle Ideale, dem Streben nach Wahrheit, Nächstenliebe
und innerer Reinheit (»Satya«, »Ahimsa«, »Brahmacharya«).
Politische Arbeit konnte für ihn niemals losgelöst sein von der
spirituellen Ebene. Askese und der uneingeschränkte Dienst
an seinen Mitmenschen bedeuteten für ihn zugleich den Weg
zu Gott wie zur irdischen Freiheit; Politik und Religion stellten auf diese Weise für Gandhi eine Einheit und keinen Gegensatz dar.
In Südafrika lernte er die Rassendiskriminierung im Zeitalter
des Sozialdarwinismus, eine der ideologischen Grundlagen
des Faschismus, am eigenen Leib kennen. Er beklagte sich bitter über seine Zurücksetzung in öffentlichen Verkehrsmitteln,

in der Burenrepublik durfte er noch nicht einmal den Bürgersteig benutzen. Er sah dies als Strafe für die Ungerechtigkeit des Kastenwesens in seiner Heimat an und verglich die indische Minderheit in Südafrika mit den Juden in Europa.

Umsetzung der Erfahrungen

Gandhi hatte aus seinen südafrikanischen Erfahrungen mit gewaltlosem Widerstand und zivilem Ungehorsam gelernt, als er sie in Indien umzusetzen begann. Die militärisch überlegenen Briten wären mit einem bloßen Aufstand leicht fertig geworden, aber der kluge Rechtsanwalt Gandhi wusste, dass ein seit Generationen seiner Waffen und seiner Wehrfähigkeit entwöhntes Land nur auf diese Weise seine Freiheit erlangen konnte. Zudem war Gandhi aufgrund seiner Ausbildung sowie seiner familiären und gesellschaftlichen Herkunft talentiert in der Aushandlung von Kompromissen zu beiderseitigem Vorteil, sein Respekt für die Gegenseite durchzieht seine Autobiographie wie ein roter Faden. Hellsichtig erkannte

»[...] aber nach meinen südafrikanischen Erfahrungen war ich überzeugt, daß in der Frage der Hindu-Moslem-Einigkeit meine Ahimsa-Lehre auf die härteste Probe gestellt werden würde.« (Gandhi über das Gewaltpotential religiöser Konflikte; *Mein Leben*, S. 217)

Biographie als Entwicklungsgeschichte

Gandhi früh den beginnenden Zwist zwischen Hindus und Muslimen, unterschätzte jedoch die Sprengkraft, die dieser schwelende Konflikt in späteren Jahren entwickeln sollte.

Gandhi beschreibt sein Leben als eine Abfolge von Entwicklungsschritten auf dem Weg zur Vollkommenheit, der sich ihm als versuchendes Handeln und als fortwährendes Experiment darstellte. Er ließ seine Leidenschaften, seinen Besitz und seine gesamte bürgerliche Existenz hinter sich, um sich vollständig in den Dienst der Sache zu stellen. Während der äußere Weg Indien in die Freiheit führe, sei sein innerer Weg von der Selbstbefreiung seiner Seele und seines Geistes durch Selbstbeherrschung geprägt. Nur sein Gewissen, die »kleine innere Stimme«, führe ihn auf diesem Weg der Selbstverwirklichung.

Gesellschaft ohne Gewalt

Was die grundsätzlichen politischen Einstellungen anbelangt, ist Gandhi ein unbedingter Verfechter der Demokratie und des Rechtsstaats. Unter Demokratie verstand er aber deren wörtliche Bedeutung als eine Herrschaft des Volkes, nicht der Eliten. Er hatte immer befürchtet, nach Erlangung der indischen Unabhängigkeit würde lediglich eine indische Elite die britische Elite ablösen – und er sollte Recht behalten. »De-

> »Indiens Unabhängigkeit muß von Grund auf beginnen. So wird jedes Dorf eine Republik [...] mit allen Vollmachten sein. Daraus folgt, daß jedes Dorf selbständig und imstande sein muß, mit den eigenen Angelegenheiten fertig zu werden, ja sogar sich gegen die ganze Welt zu verteidigen. [...] In dieser Struktur von unzähligen Dörfern wird es nur sich ständig ausweitende Kreise geben, die nie aufsteigen. Das Leben wird nicht einer Pyramide gleichen, die eine von einem Fundament getragene Spitze darstellt, sondern es wird ein ozeangleicher Kreis sein, dessen Mittelpunkt das Individuum ist. [...] Zentralisierung als System ist mit gewaltfreier Gesellschaftsstruktur unvereinbar.« (Gandhis Vorstellung einer »aufgeklärten Anarchie«; zit. n. Gandhi-Informations-Zentrum 1988, S. 149 f. u. 159)

mokratie muß im wesentlichen die Kunst und die Wissenschaft bedeuten, die die gesamten physischen, ökonomischen und spirituellen Quellen aller unterschiedlichen Bereiche des Volkslebens im Dienst für das Gemeinwohl aller mobilisiert« (zit. n. Gandhi-Informations-Zentrum 1988, S. 147 f.). Gandhi hatte klare Vorstellungen von einer dezentralen politischen Organisation des Landes, deren Kern das Dorf und das Prinzip der lokalen Selbstversorgung darstellten. Den Endpunkt dieser politischen Entwicklung von einem zentralistischen Kolonialregime zu einem Indien nach seinen Vorstellungen bezeichnete er wörtlich als »aufgeklärte Anarchie«.

Gandhi verabschiedete sich im Alter aus dem anstrengenden Vgl. S. 69 politischen Geschäft, um sich den einfachen Menschen zu widmen. Hier hatte er das Gefühl, mehr erreichen zu können, schien es ihm doch einfacher, 100 Bauern vom Spinnrad zu überzeugen, als einen Politiker von seiner Meinung abzubringen. Gandhi hatte immer eine klare Einstellung zu politischen Themen, die er in unmittelbarer Auseinandersetzung mit seinen religionsphilosophischen Prinzipien gewann. Dennoch war er in Verhandlungen ein ausgewiesener Praktiker, der auf Ausgleich und Vermittlung zwischen Verhandlungsparteien und innerparteilichen Fraktionen bedacht war. Unglücklicherweise bekam er es häufig mit Politikern zu tun, die zwar prinzipienlosen Opportunismus betrieben, sich aber aufgrund ihrer Machtfülle als kompromisslose Dogmatiker gebärdeten.

Wirtschaft Für die Wirtschaft Indiens hatte Gandhi klare Vorstellungen (»Swadeshi«), die sich jedoch nicht dem kapitalistischen oder sozialistischen Lager zuordnen lassen. So plädierte er zwar für einen Einheitslohn für alle Beschäftigten – vom Straßenfeger bis zum Chefarzt – und sprach sich gegen Privatbesitz abgesehen vom Lebensnotwendigsten aus, zugleich aber lehnte er eine zentralistische Planwirtschaft sowjetischer Prägung ab.

> »Wenn alle für ihr Brot arbeiteten und nicht mehr, dann gäbe es genug Nahrung und genug Muße für alle. Dann gäbe es [...] nicht so ein Elend, wie wir es um uns herum sehen. Solch eine Arbeit wird die höchste Form des Opfers sein.« (Mahatma Gandhi; zit. n. Gandhi-Informations-Zentrum 1988, S. 144)

Seine Vision einer guten Gesellschaft, die nur das Lebensnotwendige herstellt oder eintauscht, nannte Gandhi »Sarvodaya« (gemeinsamer Aufstieg aller Menschen). Statt Privat- oder Staatsbesitz sollte alles in Treuhandbesitz übergehen. Auf diese Weise ließe sich die kapitalistische Gesellschaft, die nur einen Zuwachs an sozialer Ungleichheit durch materielle Ungleichheit produziere, in eine egalitäre Gesellschaft transformieren, in der jeder aus der Treuhänderschaft jene Mittel erhalte, die er zum Leben braucht (vgl. Gandhi-Informations-Zentrum 1988, S. 146). Das kapitalistische Prinzip der unbegrenzten Profit- und Nutzenmaximierung sollte durchbrochen werden, und statt einer verstärkten industriellen Rationalisierung, also der Ersetzung menschlicher Arbeit durch

Beim Schreiben,
August 1942

Maschinen, propagierte Gandhi den Wert körperlicher Arbeit. Nach seinen Vorstellungen müsse die Arbeit gleich verteilt werden, so dass alle Arbeit hätten und sich ihr Brot selbst verdienen könnten, wobei ein Mindesteinkommen die Arbeitnehmer nach Gandhis Auffassung vor Verelendung und Not schützen müsse. Gandhis ökonomische Vorstellungen orientierten sich dabei an einer vormodernen bäuerlichen Gesellschaft mit geringem bürokratischem Organisationsgrad. »Die Menschen fahren fort, ›Arbeit zu sparen‹, bis Tausende ohne Arbeit sind und auf die Straße fliegen, wo sie verhungern werden. Ich möchte, daß Zeit und Arbeit gespart wird, aber nicht für einen Teil der Menschen, sondern für alle. Ich möchte Zusammenfassung des Reichtums, aber nicht in den

Vgl. S. 103 f.

Händen von wenigen, sondern in den Händen aller. Heutzutage dienen die Maschinen einigen wenigen nur dazu, um auf dem Rücken von Millionen zu reiten. Der Antrieb bei alldem ist nicht das menschenfreundliche Bemühen, Arbeit zu sparen, sondern Gier. Gegen diesen Sachverhalt kämpfe ich mit meiner ganzen Kraft.« (zit. n. Gandhi-Informations-Zentrum 1988, S. 160) Wenn man heute diese Zeilen liest, scheint Gandhi nichts an Aktualität verloren zu haben. Gleiches gilt für seine Einstellung zu gesellschaftlichen Themen, vor allem zur sozialen Ungleichheit in Indien. Der Lage der Frauen und der »Unberührbaren« galt am Ende seines Lebens sein größtes Interesse, denn beide Gruppen wurden gesellschaftlich brutal unterdrückt. Kastenlose lebten in größtem Elend und besaßen häufig nicht mehr als das Lendentuch, das auch Gandhi in seinem späteren Leben ausschließlich trug. Sie wurden ermordet, weil ihr Schatten auf der Straße ein Kastenmitglied

Soziale Ungleichheit

> »Bei uns in Indien werden gewisse Volksschichten, die für uns von größtem sozialen Nutzen sind und die wir Hindus willkürlicherweise als ›Unberührbare‹ verfemen, in die entlegensten Viertel einer Stadt oder Ortschaft verbannt. Genauso waren im christlichen Europa einst die Juden ›unberührbar‹, und die Viertel, die ihnen zugewiesen wurden, hatten den verhaßten Namen ›Ghetto‹. In ähnlicher Weise sind wir heute die ›Unberührbaren‹ von Südafrika geworden.« (Gandhi über eine Parallele zwischen Juden, »Unberührbaren« und der indischen Minderheit in Südafrika; *Mein Leben*, S. 116)

›befleckte‹. Die Frauen waren zu Gandhis Lebzeiten völlig rechtlos und ihren Männern wie Sklaven ausgeliefert. Die Praxis der Witwenverbrennung ist auch heute noch in Indien anzutreffen, und Töchter gelten im Vergleich zu den Söhnen als wertlos, da für ihre Verheiratung eine hohe Mitgift gezahlt werden muss. Diese fest in den indischen Traditionen verwurzelte Ungleichheit hat Gandhi immer wieder auf das Schärfste verurteilt, und er bereute später sein eigenes Verhalten gegenüber seiner Ehefrau. »Die Frau das schwächere Geschlecht zu nennen, ist leichtfertig; es ist das Unrecht des Mannes an der

Werk

> »Von all dem Übel, für den [sic] der Mann sich selbst verant-
> wortlich gemacht hat, ist für mich keines so entwürdigend,
> schockierend oder so brutal wie sein Mißbrauch der besseren
> Hälfte der Menschheit, des weiblichen Geschlechts.« (Gan-
> dhi über Gleichberechtigung; zit. n. Gandhi-Informations-Zen-
> trum 1988, S. 139)

Frau. Wenn mit Stärke brutales Starksein gemeint ist, dann ist
die Frau in der Tat weniger roh als der Mann. Wenn durch
Stärke moralische Macht gemeint ist, dann ist die Frau dem
Mann unermeßlich überlegen. Hat sie nicht größere Intui-
tion, ist sie nicht aufopferungs- und hingebungsvoller, hat sie
nicht mehr Kraft zum Ausdauern, hat sie nicht größere Cou-
rage? Ohne sie könnte der Mann nicht sein.« (zit. n. Gandhi-
Informations-Zentrum 1988, S. 139) Das einzige Mittel, um
soziale Ungleichheit zu überwinden, sah Gandhi in der Infor-
mation der Bevölkerung und Bildung aller Menschen, vor al-   **Bildung**
lem aber der Kinder. Nicht nur in seinen Publikationen, sondern auch im praktischen Unterricht stand für ihn daher der
Aspekt der Bildung im Vordergrund, denn er war der Überzeugung, nur durch Disziplin und praktische Übung könne
der Mensch lernen und seine Seele bilden. Dabei ging es
Gandhi nicht um die Vermittlung von Bücherwissen, sondern um Lebenserfahrung und soziale Kompetenz. In seinen
Augen waren die noch unverbildeten Kinder sogar der Wahrheit und damit Gott am nächsten. Er liebte Kinder sehr und
verbrachte viel Zeit mit ihnen: »Ich fühle mich am glücklichs-
ten, wenn ich unter Kindern bin.« (*Mein Leben*, S. 93)

> »Die wichtigsten Lehren im Leben, wenn wir uns selbst nur
> demütig beugen wollten, würden wir nicht von hochgelehrten
> Menschen lernen, sondern von sogenannten unwissenden Kin-
> dern. Jesus sprach nie eine erhabenere und großartigere Wahr-
> heit aus, als er da sagte, Weisheit komme aus dem Mund der
> kleinen Kinder.« (Gandhi über Kinder; Mahatma Gandhi, *Ge-
> walt überwinden – aus dem Geist handeln*, S. 95)

Gewaltfreiheit war der Kern von Gandhis Botschaft, denn alles, was auf Gewalt gegründet sei, könne keinen Bestand haben. Von Dauer dagegen könnten nach ihm nur friedliche Lösungen sein, und der Krieg, selbst wenn es sich um einen sogenannten gerechten Krieg gegen die Unterdrückung und für die Freiheit handelte, war für Gandhi niemals ein politisches Mittel. Wo er konnte, sprach er sich gegen den Krieg aus, selbst wenn er sich damit in manchen Augen lächerlich machte. So schrieb er Hitler, der längst dem Cäsarenwahn verfallen war, zwei – allerdings von den britischen Behörden abgefangene – Briefe, in denen er ihn um die Beendigung des Kriegs bat. Es liegt in der Logik seines Pazifismus, dass er grundsätzlich ein Gegner des Militärs und der Wehrpflicht war. Um sich für den Frieden einzusetzen, bedurfte es allerdings seiner Meinung nach mehr als nur Friedfertigkeit. Mut, Beharrlichkeit, Furchtlosigkeit, Selbstdisziplin und Glaube (an die eigene Sache und an Gott) drückten für ihn die Eigenschaften aus, um gewaltfrei einen Gegner überzeugen zu können. Da politische Versammlungen häufig verboten wurden, wählte Gandhi ebenso häufig religiöse Agitationsformen wie Andachten und Gebetsversammlungen, um seine Mitstreiter zu organisieren.

> »Ungehorsam, der zivil sein soll, muß vollkommen gewaltfrei sein, wobei das zugrundeliegende Prinzip darin besteht, daß der Gegner durch Leiden, d.h. durch Liebe gewonnen werden soll.« (Gandhi über das Prinzip des zivilen Ungehorsams; zit. n. Gandhi-Informations-Zentrum 1988, S. 158)

Um seine politischen und sozialen Ziele zu erreichen, entwickelte er seine Methode der Satyagraha, des gewaltlosen Widerstands und zivilen Ungehorsams. Aber es ging ihm auch darum, seinen indischen Landsleuten wieder Selbstvertrauen und Kraft einzuflößen. Generationen von Indern lebten in Unterwürfigkeit und Demut vor den Kolonialherren, viele von ihnen hatten sich der rassistischen Argumentation Europas gebeugt und hielten sich für minderwertig. Gandhi ermutigte sie, ihren Unterdrückern offen in die Augen zu sehen und sich gegen erlittenes oder noch zu erleidendes Unrecht zu wehren. So überließ Gandhi den Freiheitskampf nicht den in der Hindu-Tradition für diesen Zweck bestimmten Mitgliedern der Krieger-Kaste (»Kshatriyas«), die als Fürsten das Land beherrschten, sondern führte bewusst das einfache Volk und die Frauen in die Auseinandersetzung mit den Unterdrückern und Ausbeutern. Gandhi wusste, dass er und die indische Bevölkerung auf einem langen Weg zu innerer und äußerer Freiheit waren, aber er folgte ihm unbeirrt und in heiterer Demut: »Ob wir eine oder tausend Meilen zu gehen haben, der erste Schritt bleibt immer der erste, denn der zweite kann nicht getan werden, bevor nicht der erste getan ist.« (Gandhi 2003, S. 45)

Titelkarikatur des deutschen *Kladderadatsch* zur Unabhängigkeit Indiens, 1933

Wer ist Gandhi nun in politischer Hinsicht? Nimmt man seine Technikfeindlichkeit, so ist er Traditionalist. Seine Ablehnung des Kastensystems macht ihn jedoch zugleich zu einem Modernisierer. Sein Antikapitalismus lässt ihn als Sozialisten, die Ermutigung zur Vertretung eigener Interessen und zur Übernahme individueller Verantwortung als typischen Liberalen erscheinen. Seine Ideale einer dezentralen Struktur mit Hunderttausenden unabhängiger Dorfrepubliken machen ihn zum Anarchisten, sein Kampf für die Gleichberechtigung der Frau zum Feministen, seine Vermittlung zwischen den Religionen zu einem Vertreter des ökumenischen Gedankens, sein Eintreten für konsensorientierte Demokratie auf lokaler Ebene zum Basisdemokraten, seine Vorstellungen von sozialer Gleichheit und Eigentum in Treuhänderschaft zum Kommunisten, seine Gewaltlosigkeit und die Ablehnung des Militärs zum Pazifisten, sein Unabhängigkeitskampf für Indien zum Revolutionär, sein Traum von einer friedlichen Welt, die ihre Konflikte mit gewaltlosen Mitteln löst, zum Utopisten. Gandhi war auch Idealist, Realist, Familienvater, Journalist, Prediger, Lehrer, Bauer, Weber und Wanderer zwischen den Welten. In Gandhis Person und Leben hat all das keinen Widerspruch ergeben, sondern erwies sich in der

Summe als Einheit. Und so darf es die Nachgeborenen nicht verwundern, dass dieser liebenswerte Mensch keinem Streit aus dem Weg gegangen ist.

Gandhis Moralphilosophie

Gandhis Denken und Handeln in politischen und gesellschaftlichen Fragen ist mit seiner persönlichen Philosophie eng verbunden, die sich wiederum nur vor dem Hintergrund des hinduistischen Glaubens erschließt. Allerdings beschritt Gandhi einen sehr eigenständigen Weg im Umgang mit der von seiner Familie und Heimat tradierten Religion und setzte sich teilweise entscheidend von ihr ab. So verehrte er keinen *Religiöse* Gott oder die vielen Götter des Hinduismus und suchte keine *Vorstellungen* Kirchen oder Tempel auf, sondern für ihn war Gott schlicht die gesamte Schöpfung und lebte in allem. Diese pantheistische Vorstellung ist letztlich der Schlüssel zu Gandhi und seinem Selbstverständnis. Jeder wird dadurch zu einem unsterblichen Teil Gottes, der sich im Rad der Wiedergeburt unaufhörlich im Menschen erneuert. Wenn Gott aber alles einschließt, dann ist auch der politische Gegner ›göttlich‹, und man muss ihn entsprechend respektieren und ihm helfen.

> »Während Indien das Erbe des ›Vaters der Nation‹ nach seinem Tode ausschlug, so blieb doch ein Vermächtnis, das über nationale Grenzen hinweg für alle Menschen Gültigkeit behielt: Mahatma Gandhis Ethik. Er war der bedeutendste praktizierende Ethiker unseres Jahrhunderts, doch er war kein Philosoph, der sich um die Konstruktion ethischer Theorien bemühte, statt dessen orientierte er sich bei seinen Handlungen an ethischen Normen, die er selbst testete und über die er sich und anderen Rechenschaft ablegte.« (Der Biograph Dietmar Rothermund über Gandhi; Rothermund 1997, S. 495)

Ohne das Verständnis dieser tiefen Religiosität bleibt Gandhis Verhalten – gerade in den politischen Verhandlungen mit den Briten – rätselhaft. Aber Gandhi war kein eigentlicher Politiker, sondern folgte der inneren Stimme seines Gewissens. Daher war sein Verhalten immer von ethischen Maßstäben be-

»Wir wurden als Mensch geboren, um Gott zu verwirklichen, der in uns wohnt. Das ist in der Tat der Vorzug des Menschen und unterscheidet ihn vom rohen Vieh. Aber Gott zu verwirklichen heißt, ihn in allem zu sehen, was lebt, das heißt, unsere Einheit mit der ganzen Schöpfung zu verwirklichen.« (Gandhis Pantheismus; Mahatma Gandhi, *Gewalt überwinden – aus dem Geist handeln*, S. 115 f.)

stimmt, an deren Spitze die Forderung nach unbedingter Aufrichtigkeit stand. Politisches Taktieren oder Täuschen des politischen Gegners zur Durchsetzung der eigenen Interessen waren mit seinem moralischen Anspruch einer kompromisslosen Wahrheitsliebe unvereinbar. Für Gandhi heiligte der Zweck nicht die Mittel, weil er dem Prinzip folgte, dass kein falscher Weg zu einem richtigen Ziel führen kann. Daher müssen Weg und Ziel immer eine Einheit bilden, ebenso wie Denken und Handeln. Aus dem Glauben erwuchsen die seinen ganzen Lebensentwurf bestimmenden Ideen des selbstlosen Handelns, des freiwilligen Verzichts und der Entsagung als Voraussetzung zur Erreichung des eigentlichen Ziels, dessen, was er Wahrheit nannte. Obgleich tiefgläubig, war Gandhi jedoch keineswegs ein religiöser Dogmatiker oder Purist. Seiner Auffassung nach gibt es viele Wege zu Gott und viele Möglichkeiten, sich gemäß seines Glaubens zu verhalten. Die Toleranz gegenüber anderen Religionen und Weltanschauungen ist auch ein Charaktermerkmal des Hinduismus. Der missionarische Eifer und ›Alleinvertretungsanspruch‹ in spirituellen Fragen, die viele andere Religionsgemeinschaften prägen, ist den Hindus – sieht man von militanten Fanatikern ab – fremd.

Mit einer derartigen Toleranz in religiösen Fragen war Gandhi **Toleranz** seiner (und manchmal denkt man, auch der heutigen) Zeit meilenweit voraus. Er wollte allein durch sein eigenes Leben überzeugen, nicht die Menschen überreden, und nahm dafür auch in Kauf, Dinge bei anderen zu akzeptieren, die er selber ablehnte: »Duldung erfordert nicht, daß ich das, was ich dulde, auch billige. Alkohol-, Fleisch- und Tabakgenuß miß-

»Es gibt in der Tat so viele Religionen, wie es Menschen gibt. Aber wenn man der Religion jedes Einzelnen auf den Grund geht, findet man, dass in Wirklichkeit die Religion eine ist. [...] Religion besteht nicht darin, dies zu essen oder dessen sich zu enthalten, sondern allein in der Erkenntnis Gottes in einem selbst.« (Mahatma Gandhi, *Wer den Weg der Wahrheit geht, stolpert nicht*, S. 59)

fallen mir im höchsten Grad, und doch dulde ich das alles bei den Hindu, den Muslims und Christen, wie ich von ihnen auch erwarte, daß sie meine Enthaltsamkeit in diesen Dingen dulden [...]. Aller Streit zwischen Muslims und Hindu kommt daher, daß einer den anderen durch Gewalt zu seiner Ansicht bekehren will« (Gandhi 1977, S. III).

Nur durch Liebe im spirituellen Sinne, durch die Anteilnahme am Schicksal seiner Mitmenschen, kann man nach Gandhis Auffassung der Wahrheit und damit Gott am nächsten kommen. »Gegen wen könnten wir Feindschaft hegen, wo doch Gott selbst sagt, dass er in allen Lebewesen wohnt« (Gandhi 2003, S. 99). Wo immer er Unrecht sah, fühlte er sich durch seinen Glauben zu tätiger Nächstenliebe verpflichtet. Wahrheit ist der zentrale Begriff seiner Ethik. Dabei nutzte er die Hermetik eines theologischen Zirkelschlusses, um ihn zu definieren: Die Wahrheit ist Gott, und Gott ist die Wahrheit – für Gandhi entsprachen sich beide Begriffe völlig. Aus der Wahrheit entspringe die Nächstenliebe, und aus der Nächstenliebe erwachse Gewaltlosigkeit (»Ahimsa«). Wahrheit, Nächstenliebe und innere Reinheit stellten die spirituellen Ziele seiner Theologie dar, denen man sich nur nähern konnte, wenn man sich selbst überwand und selbstlos handelte.

Brauchte man auf der einen Seite zur Verwirklichung dieser Ziele Disziplin und Entschlossenheit, Geduld und Gleich-

»Gott ist Wahrheit – Der Weg zur Wahrheit liegt in Ahimsa (Gewaltfreiheit) – Sabarmati 13.3.1927 – M.K. Gandhi«

Tätige
Nächstenliebe

mut, stellte nach Gandhis Vorstellung auf der anderen Seite das ganze Leben zugleich den fortwährenden mühevollen Versuch dar, sich diesen Zielen schrittweise zu nähern. »Höchste Vollkommenheit ist nicht zu erreichen ohne höchste Selbstüberwindung. Leiden wird also zum Wahrzeichen des menschlichen Geschlechts. Und immer weicht das Ziel vor uns zurück. […] Die Genugtuung liegt im Streben, nicht im Erreichen. Höchstes Streben ist höchster Sieg« (Gandhi 1977, S. 100). Ein Leben im Einklang mit Gott war für ihn nicht nur durch selbstloses Handeln, sondern auch durch Demut und Entsagung geprägt. Gandhi versuchte sich selbst im Laufe seines Lebens allmählich von Leidenschaften und Gelüsten, von Besitz und gesellschaftlicher Stellung zu lösen. Das »gute Leben« (»Sarvodaya«), wie Gandhi es sich vorstellte, bestand aus einer Befriedigung der Grundbedürfnisse mit dem Nötigsten an Nahrungsmitteln, einfachster Kleidung und einem Dach über dem Kopf. »Wenn Dienst an der Menschheit und Vergegenwärtigung Gottes die Bestimmung des Lebens ist, dann müssen wir rein und enthaltsam leben« (Gandhi 2003, S. 103). Aus der Entsagung und seinem Glauben zog Gandhi die Kraft, auch die längste Kerkerhaft, Schläge oder Hungerstreiks unverzagt und furchtlos zu überstehen. Wer nichts zu verlieren hat, hat viele Möglichkeiten. Wen auch der Tod nicht schreckt, wird unbesiegbar.

Die Idee der Selbstbefreiung durch Selbstdisziplinierung und Selbsterkenntnis stand im Mittelpunkt seines Denkens, von ihr leitete sich alles öffentliche und private Wirken ab. »Selbsterkenntnis ist ein unschätzbarer Wert; aber wir wollen sie ohne Anstrengung erwerben. Reichtümer, Ruhm usw. sind wertlos; doch dafür sind wir bereit, alles hinzugeben« (Gandhi 2003, S. 23). Für Gandhi war der entscheidende

> »Wer nicht in der Lage ist, sich selbst zu beherrschen, kann niemals wirklich über andere herrschen.« (Mahatma Gandhi, *Wer den Weg der Wahrheit geht, stolpert nicht*, S. 67)

Sarvodaya, vgl. S. 102

> »Gib alles, und du gewinnst alles. Behalte alles zurück, und du verlierst alles.« (Mahatma Gandhi, *Wer den Weg der Wahrheit geht, stolpert nicht*, S. 78)

Punkt, nicht nur Ideale zu haben, sondern diese Ideale auch zu verwirklichen. Seine Hoffnung hat er trotz vieler Rückschläge niemals aufgegeben. »Wenn ein Mensch vollkommen werden kann, ist es nur billig anzunehmen, dass alle es werden können.« (Gandhi 2003, S. 36)

Bhagavad-Gita, vgl. S. 19

Die wichtigste Quelle seines Glaubens war die *Bhagavad-Gita*, das heilige Buch der Hindus. Der Held dieses epischen Gesangs, Arjuna, durchläuft alle Stadien der Entsagung und der Sublimation, bis er von allen überflüssigen Gelüsten, von Stolz und Gier befreit ist und seinen Geist gereinigt hat. Gandhi, der sein Leben lang in diesen Schriften gelesen und sie für sich interpretiert hat, versuchte dem Helden der *Bhagavad-Gita* auf seinem Weg der tätigen Erlösung zu folgen und sich im Laufe seines Lebens ebenfalls von allem weltlichen Ballast zu befreien. Um der Tretmühle der abendländischen Logik, die sich seiner Auffassung nach auf bloße Mittel-Zweck-Relationen reduzierte, und dem Teufelskreis des Kapitalismus, dem Wechselspiel von Angebot und Nachfrage, zu entrinnen, gibt es nach Gandhis Auffassung drei Wege: Wissen, Einsicht und die rechte Praxis, was heißen sollte: Gewaltlosigkeit, Wahrhaftigkeit, Selbstbeherrschung, Verzicht und Besitzlosigkeit.

Beim Gebet

»Das Werk zu tun sei dein Beruf,
Nicht kümmre dich's, ob es gelang,
Begehre nie der Taten Frucht.
Doch fröne nicht dem Müßiggang.
Ergebungsvoll tu jedes Werk
Und frei von irdischer Begier
Ob gut, ob schlecht der Ausgang sei;
Bewahre stets den Gleichmut dir.«

(Indische Weisheit aus der *Bhagavad-Gita*; zit. n. Bartolf 1995, S. 17)

Wirkung

Politiker wider Willen

Gandhi war nach seinem Studium als junger Anwalt zunächst erfolglos und fand erst in Südafrika seine Bestimmung. Aufgrund persönlicher Demütigungen und der beschämenden Erfahrungen seiner Landsleute mit dem Rassismus der Briten und Buren wurde in Südafrika aus einem Juristen allmählich ein politischer Aktivist und damit aus dem schüchternen und linkisch wirkenden Bürger des Empire der selbstbewusste Anführer einer Bürgerrechtsbewegung und später der Spiritus rector der indischen Unabhängigkeitsbewegung.

Wirkung in Südafrika

Anfänglich ging es um elementare Dinge: die Benutzung der Bürgersteige oder der Straßenbahnen, die Abwehr willkürlicher Steuererhöhungen und rassistischer Diskriminierung in allen Lebensbereichen. Gandhi vertrat die Sache der südafrikanischen Inder vor der Zentralregierung des Empire in London, in seinen Siedlungsprojekten lebte er exemplarisch eine alternative Lebensweise vor, und als er 1914 Südafrika verließ, hatte er spürbar das Land verändert und der Kolonialmacht in zähem Ringen etliche Zugeständnisse abgerungen. In Südafrika musste jedoch die nicht weiße Bevölkerung noch lange

»Indien ist heute ein Land, das sich in gewaltiger, sozialer Gärung befindet und aus tausend und einer verträumten Nacht in das unbarmherzige Taglicht moderner Emanzipationskämpfe tritt. Und sein großer Führer ist Mahatma Gandhi, ein Umgestalter und Umwälzer vom Range Lenins und Sunyatsens, aber einer, der nicht der blutigen Revolte vertraut, sondern der Kraft des Gedankens. Gandhi ist kein politischer Mensch im europäischen Sinne. Er ist mehr. Er ist die geheime Gewalt, die ohne Amt und Partei doch alle beherrscht. Er ist Verteidiger des Alten und Führer ins Unbekannte, Weisheitslehrer und Elementarschulmeister zugleich, Denker und Praktiker, Träumer und Organisator von amerikanischem Format.« (Der deutsche Publizist und Friedensnobelpreisträger Carl von Ossietzky in der *Weltbühne* vom 8. Oktober 1929)

Ungleichbehandlung und Ungerechtigkeit, Gewalt und Folter ertragen. Erst 80 Jahre nach Gandhis Abreise in seine indische Heimat endeten mit Nelson Mandelas Präsidentschaft 1994 die Apartheid und die Macht der Rassisten.

Als Gandhi im Januar 1915 in Bombay das Schiff verließ, wurde er in Indien als Volksheld begrüßt. Das ganze Land folgte Gandhi, dem nach dem Tod Gokhales und Tilaks die Rolle der charismatischen Führungsfigur innerhalb der Unabhängigkeitsbewegung zugefallen war. Er war nun auf dem Höhepunkt seiner Macht, während gleichzeitig Tausende seiner Anhänger verhaftet wurden und Gandhi selbst 1922 ins Gefängnis musste.

Der Nationalkongress, eine politische Sammlungsbewegung aller indischen Nationalisten, war zu diesem Zeitpunkt allerdings eher eine akademische Übung. Gandhi wollte seine Zeit aber nicht mit Diskussionen, Petitionen und anderem Papierkram verschwenden, sondern lieber auf den Straßen und in den Dörfern politisch aktiv sein. Der Kongress war für ihn nicht mehr als ein Organisationsinstrument im Kampf um die Freiheit. 1927 konnten Gandhi und ganz Indien einen ersten politischen Erfolg feiern, als auf der Ebene der Provinzen die indische Bevölkerung ihre eigenen Landesregierungen wählen durfte. Der Kongress konnte zum damaligen Zeitpunkt drei Viertel aller indischen Wähler hinter sich vereinigen. Aber dem Kongress war diese Zunahme an politischem Einfluss zu wenig. Gandhis Salzmarsch, sein symbolischer

Der Salzmarsch: Ziviler Ungehorsam, März 1930

Protest gegen ein konkretes Detail der ungerechten Herrschaft und der Ausbeutung des Landes, zeigte, dass er die Bedeutung öffentlichkeitswirksamen Handelns begriffen hatte. Sein Marsch fand weltweit Beachtung, denn er fokussierte auf anschauliche Weise das Aufbegehren der unterdrückten Kolonialvölker gegen den Imperialismus. Zu dieser Zeit empfing Gandhi täglich in seiner Hütte Vertreter der Presse sowie der nationalen und internationalen Politik.

Als Gandhi begann, immer stärker gegen das Kastenwesen zu kämpfen, wandten sich viele seiner einstigen Sympathisanten ab, und er geriet auch im Kongress mit einer derartigen, für die damalige Zeit revolutionären Haltung in die politische Isolation. Enttäuscht zog er sich daher 1934 aus dem Kongress zurück und widmete sich immer stärker der Arbeit für die Benachteiligten innerhalb der eigenen Gesellschaft wie die »Unberührbaren«. In diesen Jahren wurde aus dem Politiker Gandhi der Sozialarbeiter Gandhi, der unermüdlich von Dorf zu Dorf wanderte und versuchte, Indien von unten her zu verändern, ohne sich in die ›hohe Politik‹ einzumischen. Dennoch blieb er für einen Teil des Kongresses eine politische Autorität, Nehru und andere führende Kongressmitglieder suchten ihn häufig und regelmäßig auf, um seinen Ratschlag einzuholen. Die internationale Politik beschäftigte Gandhi auch während seines zeitweiligen politischen Rückzugs. Allerdings konnte er mit seinen Positionen die Politik der europäischen Mächte nicht beeinflussen. Anfang 2006 wurden bisher geheime britische Regierungsdokumente freigegeben, die Winston Churchills Einstellung zu Mahatma Gandhi während des Zweiten Weltkriegs enthüllen. Seiner Meinung nach hätte Gandhi bei seinem Hungerstreik ruhig sterben können, während andere führende britische Politiker befürchteten, Gandhi könnte durch seinen Tod im Gefängnis zum Märtyrer werden und einen Volksaufstand in Indien auslösen.

Gandhi aktivierte nicht nur die Ärmsten, sondern auch die weibliche Bevölkerung unabhängig von ihrem religiösen Bekenntnis. Viele muslimische Inderinnen legten aus Solidarität

»My life is
my message«

Vgl. S. 61 u. 70

mit Gandhi ihre Schleier ab. Die Mitwirkung an der Unabhängigkeitsbewegung eröffnete ihnen die Möglichkeit, ihre Häuser zu verlassen und jahrtausendealte Traditionen der Unterdrückung und der sozialen Ungleichheit wenigstens teil- oder zeitweise hinter sich zu lassen, auch wenn ihre Hoffnung auf Veränderungen aus heutiger Perspektive sicherlich nur ansatzweise verwirklicht werden konnte. Auch die Hoffnung der jungen Generation auf eine Befreiung von familiären Zwängen und dem Kastensystem ruhte auf der Unabhängigkeitsbewegung. Gandhi wirkte am Ende seines Lebens hauptsächlich auf die einfachen Menschen auf der Straße und

Wirkung in der Gesellschaft weniger auf Politiker. Seine Vermittlungsversuche zwischen Hindus und Muslimen in den späten dreißiger und vierziger Jahren scheiterten, und das unabhängige Britisch-Indien wurde in einem blutigen Bürgerkrieg in Indien und Pakistan geteilt.

Sarvodaya ist Gandhis Vision einer guten Gesellschaft und sollte über den Weg der Satyagraha erreicht werden. Das von ihm entwickelte politische Instrument des gewaltfreien Widerstands hat er über Jahrzehnte sehr erfolgreich eingesetzt mit Konsequenzen, die bis heute fortwirken. Indiens Weg in die Unabhängigkeit wurde maßgeblich von ihm vorbereitet, und er schuf damit die Grundlagen der heutigen Staaten auf dem indischen Subkontinent. Nicht zuletzt verhinderte er, dass Indien ein totalitärer Staat wurde, und erreichte, dass das blockfreie Indien bis heute demokratisch regiert wird. Seinen Einfluss auf die Kongresspartei und die Bevölkerung nutzte er, um beispielsweise den sozialistischen Flügel der Partei, der eine Revolution nach sowjetischem Vorbild anstrebte, zu kontrollieren und politisch einzubinden. So gab es immer wieder politische Auseinandersetzungen mit dem prominentesten Vertreter des Marxismus-Leninismus, Jawaharlal Nehru, den Gandhi dennoch im Kongress unterstützte und so möglichen Spaltungstendenzen entgegenwirkte. Sicherlich half es, dass alle politischen Strömungen durch das gemeinsame Ziel der Unabhängigkeit geeint waren und sich erst nach der Unab

Erfolge und Misserfolge hängigkeit im indischen Parteiensystem ausdifferenzierten. Nicht verwirklicht wurden dagegen seine gesellschaftlichen

Wirkung

Ministerpräsident Nehru hält um Mitternacht eine Rede vor dem
neu konstituierten Parlament in Neu-Delhi, 15. August 1947

Visionen. Das Kastenwesen, die Armut und die Unterdrückung der Frau verschwanden nicht mit der Unabhängigkeit.
Die Versöhnung der Religionen misslang ebenso wie die pazifistische Ausrichtung der jungen Staaten. Das einfache Leben
auf den Dörfern, das Gandhi für alle wollte, spielte als Vorstellung bei der Entwicklung des Landes keine Rolle mehr.
Aber auch wenn sich Gandhi nicht in allen Aspekten seines
politischen Handelns und Denkens hat durchsetzen können,
ist das moderne Indien ohne sein Wirken kaum vorstellbar.

Indien nach Gandhi

Gandhi war ein Demokrat und übernahm für sein politisches
Handeln die abendländische Idee der Volksherrschaft. Aber er
misstraute dem kapitalistischen System, dem er eine gnadenlose Profitlogik vorwarf, und einem technologischen Fortschritt, der die Arbeitskraft von Millionen einfacher Menschen durch Maschinenleistung entbehrlich macht und sie
mit Arbeitslosigkeit bedroht. Gerade seine Heimatprovinz
sah er als Beispiel für das Wirken der unsichtbaren Mechanismen des Weltmarktes, wenn auf den Feldern Baumwolle
als Rohstoff für englische Textilien angebaut und exportiert
wurde, die in Indien wiederum die Weber ihrer Einkommens-

Gandhis Öko-
nomie, vgl.
S. 34 f. u. 88 ff.

quelle beraubten. Gandhis Vorstellung vom Wirtschaftssys-
tem sah eine traditionelle Arbeitsorganisation mit dem Dorf
als Mittelpunkt vor und anstelle einer zentralistischen Struktur, die er für ein Riesenreich wie Indien für ungeeignet hielt,
die Organisation einer dezentralen Selbstversorgung der Bevölkerung mit den lebensnotwendigen Gütern. Nach Gandhis Tod spielten seine Vorstellungen keine Rolle mehr. Statt
eine Art Graswurzelökonomie zu entwickeln, wurde die Industrialisierung vorangetrieben. Das unabhängige Indien unter Nehru und seinen Nachfolgern war ein planwirtschaft-
licher Zentralstaat mit verstaatlichten Schlüsselindustrien
und Fünfjahresplänen, in dem die neue indische Führungs-
elite nahtlos die Rolle der vertriebenen Kolonialherren und
deren Verwaltungsstrukturen (parlamentarische Demokratie,
räumliche Gliederung, Bürokratie, Heer usw.) übernahm. In
der indischen Wirtschaft dominierten die großen Staatskon-
zerne, während eine Landreform für Millionen Kleinbauern
in den sechziger Jahren des vergangenen Jahrhunderts scheiterte und eine schwere Hungersnot auslöste. Der Bau von
Stahlwerken stand im Mittelpunkt der wirtschaftlichen Entwicklung, nicht die Verbreitung des Spinnrads. Mit dem
Ende der Sowjetunion und dem Zusammenbruch des sozialistischen Wirtschaftssystems musste sich Indien in den neun-
ziger Jahren neu orientieren und öffnete seinen Markt für
ausländische Investitionen und Produkte. Heute ist Indien
Teil des weltumspannenden Wirtschaftssystems. Während
die Menschen in den Dörfern noch häufig wie im Mittelalter

Indiens
Ökonomie

»Das unabhängige Indien hat Gandhi zu
einem Heiligen gemacht und all seine
Lehren ignoriert.« (Der britische Mathe-
matiker und Philosoph Bertrand Russell;
zit. n. Gandhi-Informations-Zentrum 1988,
S. 175)

leben und es Stämme gibt, die noch
mit Pfeil und Bogen auf die Jagd
gehen, hat in den Metropolen längst
die Moderne Einzug gehalten. Gandhis Ideen und Konzepte passen nicht
mehr in diese Welt, in der er buchstäblich zum Denkmal stilisiert wor-
den ist; eine Vaterfigur, die an Gedenktagen mit blumigen
Sonntagsreden und Lippenbekenntnissen beschworen wird.
Es sind die Laptops, nicht die Spinnräder, die Indiens Wirtschaft heute dominieren. Die Kaste der Vaishyas, zu der auch

Gandhis Familie gehörte, dominiert seit langem den indischen Handel, vor allem den internationalen Güterverkehr. Viele Angehörige der urbanen Oberschicht sind gleichfalls Mitglieder dieser Kaste.

Indien, das erst so friedlich seine Freiheit erlangt hatte, führte sofort nach Erlangung der Unabhängigkeit Krieg: Dreimal, 1947/48, 1965 und 1971, standen sich die verfeindeten Brüder des indischen Subkontinents, Hindus und Muslime, gegenüber. Ihre Probleme haben sie bis heute nicht gelöst. 1974 wurde Indien Atommacht, Pakistan folgte 1998. Gandhi hat die Atombombe immer abgelehnt, genauso wie den Krieg und generell das Militär. Umso trauriger ist die Tatsache, dass beide Staaten sich heute als Atommächte gegenüberstehen. In der internationalen Politik schloss sich Indien der Bewegung der Blockfreien an und gehörte als neutraler Staat im Kalten Krieg weder zum kapitalistischen noch zum sozialistischen Lager. Innenpolitisch hatte Gandhi auch gänzlich andere Vorstellungen als seine politischen Erben Jawaharlal Nehru und Sardar Vallabhbhai Patel. Gandhi misstraute jeglicher Zentralmacht, er wollte die Macht vielmehr in den Händen der Dorfräte konzentrieren. Seine Vision sah die Überführung sämtlicher 700 000 Dörfer Indiens in kleine unabhängige Republiken vor, die über ihre eigene Entwicklung selbst entscheiden, sowie die Auflösung des Nationalkongresses als Partei, da sein Ziel – die Unabhängigkeit Indiens – schließlich erreicht sei. Als Alternative schien ihm noch die Umwandlung der Partei in einen sozialen Volksdienstbund (Lok Sevak Sangh) möglich.

Nach Gandhis Tod wurde die Partei jedoch zur bis heute alles beherrschenden politischen Größe in Indien. Andere Parteien haben die Macht der Nehru-Dynastie nur selten und für kurze Zeit brechen können, das Mehrheitswahlrecht nach britischem Vorbild begünstigte die ›Staatspartei‹. Nehru und Patel, der Sozialist und der Kapitalist, waren die mächtigsten Männer nach Gandhis Tod. Indien wurde somit zu einer Mischung aus Marktwirtschaft und Planwirtschaft, aus Demokratie und Dirigismus. Die Herrschaft ihrer Bürokratie ist bis heute ungebrochen, und aus Gandhis Traum der unabhängi-

Indiens Politik

Wirkung

gen Dorfräte sind heute schnöde Kommunalparlamente geworden, die den Hierarchieebenen Bundesstaat und Zentralstaat untergeordnet sind. Die einzige ernsthafte politische Konkurrenz droht der Kongresspartei heute von der großen fundamentalistischen Hindu-Partei, der BJP (Bharatiya Jana Party). Während die Kongresspartei die Rechte der Minderheiten achtet, bedient die BJP die Ressentiments der hinduistischen Masse und ist unter anderem für die Zerstörung der Moschee von Ayodhya 1992 verantwortlich. Der Mörder Gandhis, Nathuram Godse, gehörte zur militanten Jugendbewegung RSS (Rashtriya Swayam Sewak Sangh), die seit 1951 die Nachwuchsorganisation der BJP ist.

Die Gandhi-Statue vor dem Parlamentsgebäude in Neu-Delhi, wegen einer Bombendrohung von Sicherheitskräften bewacht, 16. Dezember 2005

Auch Gandhis Idee der Volksbildung, der Bildung für alle, ist nicht umgesetzt worden, wobei er sich gegen Englisch als Unterrichtssprache gewehrt hatte und unter Bildung das Erlernen der zahlreichen inländischen Sprachen verstand. Aber Englisch ist noch heute die Eintrittskarte in die Berufswelt der Büroangestellten. Der Anteil der Analphabeten in Indien ist inzwischen auf etwa ein Drittel der Bevölkerung gesunken, bei den Frauen sind es knapp die Hälfte. Wenigstens die Förderung der Kastenlosen, eines der wichtigsten sozialpolitischen Anliegen Gandhis, wurde durch ein Quotensystem im öffentlichen Dienst ansatzweise umgesetzt. Während auf dem Land die Kastenzugehörigkeit nach wie vor den Alltag prägt, ist in der Anonymität der modernen Großstädte soziale Mobilität möglich geworden. Die »Gotteskinder«, wie Gandhi sie nannte, sitzen heute ebenso im indischen Parlament wie alle anderen Statusgruppen innerhalb des Kastensystems. Die Lage der Frauen, nimmt man die Ober- und Mittelschicht der Gesellschaft aus, ist allerdings immer noch weitgehend unverändert. Gandhi hatte sie für die Befreiung Indiens aktiviert, aber sie konnten sich nach seinem Tod nicht selbst befreien. Nach wie vor prägen traditionelle Einstellungen das Leben der Frauen, Kinderheirat und Witwenverbrennung sind auch heute noch vielerorts traurige Realität. Zwar ist seit 1961 die Mitgift gesetzlich verboten, doch sind die sozialen Traditionen, die Bedeutung von Status und Kaste, bis heute stärker als die staatliche Gesetzgebung. Immerhin geht es der breiten Bevölkerung materiell besser als unter der britischen Herrschaft. Unter den Kolonialherren sind schätzungsweise 20 Millionen Inder verhungert, da Indien durch eine export-orientierte Umstellung der Landwirtschaft seine ökonomische Autonomie und damit seine Fähigkeit zur Selbstversorgung mit Lebensmitteln verloren hatte. Noch 1943 verhungerten in Bengalen drei Millionen Menschen. Das unabhängige Indien konnte solche Katastrophen bisher verhindern, obwohl die Bevölkerung auf über eine Milliarde Menschen angewachsen ist.

Jawaharlal Nehru war bis zu seinem Tod 1964 Ministerpräsident Indiens. Nach einem kurzen Intermezzo übernahm seine Tochter, Indira Gandhi, die Macht. Der Nehru-Gandhi-Clan, die Kennedys oder Bushs Indiens, ist übrigens nicht mit Mahatma Gandhi verwandt. Gandhi ist ein in Indien sehr verbreiteter Name und bedeutet in der wörtlichen Übersetzung »Kaufmann« oder »Krämer«. Indira Gandhi war von 1966 bis 1977 und von 1980 bis zu ihrer Ermordung 1984 Ministerpräsidentin, ihr Sohn Rajiv regierte von 1984 bis zu seiner Ermordung 1989. Dessen italienische Frau Sonia wurde mit Hilfe der Kongresspartei 2004 ebenfalls gewählt, lehnte das Amt dann jedoch ab. Indiens Kriege, seine Atomwaffen und die politischen Morde machen deutlich, dass von Gandhis Friedfertigkeit und seinem Versöhnungswillen im modernen Indien nichts übrig geblieben ist. Das heutige Indien ist durch die Gleichzeitigkeit des Ungleichzeitigen, durch den Widerspruch von Tradition und Moderne gekennzeichnet. Schlangenbeschwörer und Softwareingenieure, Atomraketen und Armut, Kali-Kult und Kapitalismus – Indien ist auch heute noch weit davon entfernt, eine homogene Gesellschaft zu sein. Zwar wird von Gandhi noch gesprochen, seine Ideale aber spielen in der modernen indischen Gesellschaft, in Politik und Wirtschaft, keine Rolle. Den Khadi-Stoff, Gandhis Symbol für Indiens Autarkie, tragen indische Politiker heute nur noch zu besonderen Anlässen, er ist zur Parteifolklore verkommen.

Nachfolger   Ist von Gandhi nichts geblieben außer substanzlosen Beschwörungen? War sein Wirken folgenlos? Natürlich folgten viele seiner Anhänger auch nach seinem Tod den Idealen einer Gesellschaft von dezentral organisierten, antikapitalistischen bäuerlichen Dorfgemeinschaften, ohne Militär und Industrie, in der Religionen, Kasten und Geschlechter gleichberechtigt zusammenleben können. So gab es in den fünfziger Jahren sehr erfolgreiche Kampagnen zur Volksbildung in den Dörfern, die »Kerala Shastra Sahitya Parishad« war allerdings nur im Bundesstaat Kerala aktiv (heute engagiert sich die Bewegung als Nichtregierungsorganisation im Umweltschutz und im Bildungsbereich). Gandhi hatte keine straff organisierte Bewegung oder Partei gegründet. Sein Erbe sind sein Wirken und seine Einsichten, so dass er für seine Ideen und sein soziales Engagement nie einen charismatischen Nachfolger ausgebildet hat, obgleich er in Acharya Vinoba Bhave (1895-1982) einen solchen sah. Bhave war schon 1932 als Satyagrahi, als gewaltloser Widerstandskämpfer der Gandhi-Bewegung, in britischer Haft gewesen. 1940 erklärte ihn Gandhi zum ersten individuellen Satyagrahi, der selbständig den Widerstand organisieren konnte. Bhaves Sarvodaya-Bewegung Sarva Seva Sangh (»Vereinigung für den Dienst an allen«) war dann sehr erfolgreich, vor allem die Bhoodan-Kampagne in den fünfziger Jahren, die unter seiner Führung Grundbesitz von Großgrundbesitzern ›sammelte‹ und das Land den besitzlosen Bauern gab. Auf diese Weise wurden vier Millionen Morgen Land umverteilt. Zwar ist heute noch fast der gesamte indische Grundbesitz in den Händen weniger reicher Grundbesitzer, aber es wurde zumindest ›von unten‹ ein Anfang gemacht, nachdem das staatliche Community Development-Programm (1952) keinen Erfolg hatte. Neben der Umverteilung von Land wurden im Rahmen der Gramdan-Bewegung Gemeinden gegründet, in denen das Ackerland allen Dorfbewohnern gemeinsam gehörte, so wie Gandhi es in seinem Ashram vorgelebt hatte. 1970 gehörte ein Drittel aller Dörfer offiziell zur Gramdan-Bewegung, tatsächlich waren es aber nur einige

»Mahatma Gandhi gehörte zu der Art von Menschen, bei denen es bequemer ist, sie zu vergessen. Die Prinzipien, für die
er eintrat, und die Art, wie er sie durchsetzte, sind einfacher zu
bewundern als zu befolgen. Zu seinen Lebzeiten war es unmöglich, ihn zu ignorieren. Nachdem er einmal gegangen war,
war es unmöglich, ihn nachzuahmen.« (Der UNO-Diplomat
Shashi Tharoor; Tharoor 2000, S. 40)

tausend Dörfer, in denen die Bewohner ihren Besitz auf den
Dorfrat übertragen hatten. Diese Dörfer bilden heute das
Rückgrat der Gandhi-Bewegung in ganz Indien. Im Banwasi
Seva Ashram in Sonbhadra (Uttar Pradesh) leben zum Beispiel gegenwärtig Tausende Menschen nach dem Vorbild
Gandhis. In Indien existieren schätzungsweise 700 dieser Gemeinden, wobei das Augenmerk bis heute hauptsächlich auf
der Dorfentwicklung liegt. Die Bewegung leistet wichtige Sozialarbeit, hat aber keine politische Bedeutung mehr.
Jayaprakash Narayan (1902-1979), ebenfalls ein berühmter
Schüler Gandhis, saß wie sein politischer Ziehvater 1932 in einem britischen Gefängnis. 1942, während der Quit-India-Be-
wegung, als viele Kongressmitglieder in Haft waren, organisierte er mit anderen den gewaltfreien Widerstand. Er trat
nach Gandhis Tod aus der Kongresspartei aus und gründete
eine sozialistische Partei, die er 1957 jedoch wieder verließ. In
den fünfziger und sechziger Jahren unterstützte er die Land-
und Dorfschenkungsbewegung Bhaves. In den siebziger Jahren gingen Bhave und Narayan jedoch getrennte Wege. Während Bhave weiter die Sozialarbeit des späten Gandhi in den
Vordergrund rückte und für die herrschende Klasse keine politische Gefahr darstellte, da er die bestehenden Herrschafts-
verhältnisse nicht in Frage stellte, wollte Narayan den politischen Kampf für die Rechte der Unterdrückten führen, wie
der junge Gandhi es getan hatte. Seine Mitstreiter warben
nicht nur Land von den Großgrundbesitzern ein, sie besetzten es einfach (Bihar-Bewegung, 1974). Er gründete eine Bürgerrechtsbewegung (JP-Movement) und forderte Ministerpräsidentin Indira Gandhi zum Rücktritt auf, nachdem ihr
ein Gericht Wahlmanipulation nachgewiesen hatte. Seine Be-

wegung engagierte sich für eine bessere Versorgung der Ärmsten und den Kampf gegen Arbeitslosigkeit und die Korruption in der kafkaesken Verwaltung. Narayan ließ keinen Zweifel an seinem Ziel, die Verhältnisse in Indien revolutionieren zu wollen. Indira Gandhi verhängte 1975 den Ausnahmezustand und nahm, nach alter britischer Tradition, Narayan zusammen mit seinen Mitstreitern in Haft. Nach Beendigung des Ausnahmezustands 1977 rief Indira Gandhi Neuwahlen aus, die Narayans neugegründete Janata-Partei gewann und damit dem mächtigen Kongress die Macht in der Zentralregierung entreißen konnte. 1979 starb Narayan an den Folgen der Haft. Indira Gandhi wurde 1984 von ihren Sikh-Leibwächtern erschossen, nachdem sie im selben Jahr den goldenen Tempel von Amritsar, das größte Heiligtum der Sikhs, vom indischen Militär stürmen und damit hatte schänden lassen. Mit dem Tod der charismatischen Führungspersönlichkeiten Narayan und Bhave endet die direkte Nachfolgelinie der Gandhi-Bewegung.

Das National Gandhi Museum in Neu-Delhi

Soziale Bewegungen heute

Gandhis Sarvodaya wird heute in erster Linie im von Vinoba Bhave initiierten Netzwerk »Sarva Seva Sangh« und den von Narayan begründeten »Chatra Yuva Sangarsh Vahini« (»Studentische Jugend-Kampfgruppen«) weitergetragen; darüber hinaus bestehen zahlreiche Einzelgruppierungen. Neben der Dorfentwicklung spielt der Umweltschutz für die sozialen Bewegungen Indiens gegenwärtig eine große Rolle. Vandana Shiva ist eine bekannte indische Bürgerrechtlerin, Umweltschützerin und Feministin, die sich in der Tradition Mahatma Gandhis sieht. Sie engagierte sich in den siebziger Jahren für die Chipko-Bewegung, eine indische Umweltschutzgruppe, deren weibliche Mitglieder sich an Bäume ketteten, um den Raubbau an der Natur aufzuhalten. Sie zwangen mit ihrem Protest die Regierung zu einem Kreditprogramm zum Schutz der lokalen Gemeindewälder. Der Kapitalismus degradiere ihrer Meinung nach die Frauen und die Natur zu bloßen Rohstoffen. Heute ist sie, zusammen mit anderen namhaften

Globalisierungskritikern wie Ralph Nader oder Jeremy Rifkin, Vorsitzende des International Forum on Globalization. Gerade ökologisch heikle Großprojekte wie der Bau eines Staudamms rufen immer wieder den Widerstand lokaler Gruppen hervor, die sich um ihre Lebensgrundlage gebracht sehen. Zwei dieser Bewegungen hatten in den achtziger Jahren auch überregionale Bedeutung: die Aktion »Narmada Bachao Andolan« (Bewegung »Rettet den Narmada«) und das »Nationale Fischarbeiter-Forum«. Erstere entstand aus dem Widerstand gegen ein Staudammprojekt am Fluss Narmada und weitete sich zu einer nationalen Umweltschutzbewegung aus. Inzwischen haben die sozialen Bewegungen leider, wie im Westen auch, viel an Mobilität und Mobilisierungskraft verloren. Sie erhalten staatliche Fördergelder, unterhalten eigene Büros in den Metropolen und müssen ihre Mitarbeiter bezahlen. Damit einher geht der schleichende Kontaktverlust zur Realität der sozialen Probleme, gerade auf dem Land, und eine Abnahme der Konfliktfähigkeit gegenüber der staatlichen Bürokratie. Die Ärmsten aber verlieren den Mut und die Motivation zur Selbsthilfe. Den unberechenbaren Wechselwinden der global vernetzten Ökonomie und der ›hohen Politik‹ bleiben sie dabei ebenso hilflos ausgesetzt wie zu den Zeiten der Kolonialherrschaft. Dort, wo sich wirklich noch Widerstand gegen das ›Establishment‹ regt, sind es nicht mehr die Anhänger Gandhis, die den Kampf anführen. So wurde der Naxaliten-Aufstand Ende der sechziger Jahre brutal niedergeschlagen, und ihr revolutionärer Widerstandskampf gegen die Regierung von maoistischen und marxistischen Gruppierungen fortgesetzt, die den Pfad der Gewaltlosigkeit schon immer als Irrweg betrachtet haben. Gegenwärtig kann man nicht mehr von einer überregionalen Gandhi-Bewegung sprechen; die junge Generation Indiens wendet sich entweder den Insignien des Neoliberalismus zu, dem religiösen Fundamentalismus oder den Idealen einer ›linken‹ Revolution.

Neben seiner Funktion als Säulenheiliger für politische Reden wird Gandhi auf verschiedene Weise von der indischen Oberschicht geehrt. So existieren ein Gandhi National Memorial Trust, eine Gandhi and Village Industry Commission und

Einrichtungen

eine Gandhi Peace Foundation, die sich alle durch eine vorwiegend theoretische Beschäftigung mit Gandhis Vorstellungen von einer guten Gesellschaft befassen. Natürlich sind viele Straßen und Plätze nach ihm benannt, aber auch Universitäten wie die 1997 gegründete Mahatma Gandhi International University in Neu-Delhi. Ironischerweise findet sich Gandhis Bildnis heute (leider) auch auf indischen Banknoten von fünf bis 1000 Rupien. Die Regierung lobt jedes Jahr einen internationalen Gandhi-Friedenspreis aus, der beispielsweise an Nelson Mandela verliehen wurde. Das National Gandhi Museum in Neu-Delhi ehrt Gandhi mit einer Dauerausstellung, einer umfassenden Bibliothek sowie zahlreichen Dokumenten zu Gandhis Leben in Bild und Ton. Das Mani Bhavan Gandhi Sangrahalaya in Bombay hat Gandhi ebenfalls eine Ausstellung sowie eine Bibliothek gewidmet. Gandhis letzter Wohnort, eine kleine Hütte, ist heute eine nationale Gedenkstätte mit vielen Exponaten und Informationen, vor allem zu Gandhis letzten Jahren (Gandhi Smriti & Darshan Samiti, Neu-Delhi). An vielen Universitäten wie Bhagalpur und Kerala sowie der Punjab-Universität in Chandigarh gibt es Zentren und Lehrstühle für Gandhi-Studien, hier können Studierende die Philosophie Gandhis kennen lernen. Außerdem gibt es landwirtschaftliche Fachbereiche und Hochschulen, in denen Gandhis Ideen eines nachhaltigen Wirtschaftens gelehrt werden. Andere Einrichtungen, die von Gandhi entweder selbst gegründet wurden oder die sich auf seine Ideen berufen, sind beispielsweise die Gujarat Vidyapith, eine Universitätsgründung von Gandhi in Ahmedabad (1920). Hier werden Sprachen (Gujarati, Hindi), Landwirtschaft, Religion, Gandhi- und Buddhastudien, Journalismus, Friedensforschung und diverse Geisteswissenschaften gelehrt. 1953 entstand die landwirtschaftliche Grund- und Hochschule Lok Bharti Gramvidhyapith in Sanosara auf Initiative von Shri Nanabhai Bhatt, einem alten Mitstreiter Gandhis. Den Sevagram-Ashram Gandhis gibt es auch heute

Indischer Geldschein mit Gandhis Konterfei

noch. Am gleichen Ort ist ein Zentrum für Dorfwissenschaft und ein Gandhi-Studienzentrum entstanden. Mitraniketan (»Stätte der Freunde«) wurde 1956 von einem Gandhi-Anhänger in einem kleinen Dorf namens Vellanad im Bundesstaat Kerala gegründet. Es ist eine ganzheitliche Schule für die Ärmsten, in der neben den üblichen Fächern auch landwirtschaftliches und handwerkliches Wissen vermittelt wird. Nach Auffassung des Gründers können nur Erziehung und Bildung Indien gewaltlos verändern. Auch wenn es keine Gandhi-Bewegung im eigentlichen Sinne mehr gibt, finden sich doch vielerorts noch heute in Indien Menschen, die seinen Idealen weiter folgen und sie in die Praxis umzusetzen suchen.

Weltweite Ausstrahlung

Gandhis Vision vom einfachen Landleben passte nicht in eine Zeit, in der »Entwicklung« und »Fortschritt« die verheißungsvollen Zauberworte für Menschen waren, die in bitterer Armut in Afrika und Asien lebten. Sie wollten Fabriken und Hochhäuser, Radios und Autos wie die reichen Amerikaner und Europäer. Ihren Traum vom Glück konnten sie nicht in den Dörfern verwirklichen, so dass sie in die Stadt gingen. Aus Feldarbeitern wurden Slumbewohner, das explosionsartige Wachstum der Städte in der sogenannten Dritten Welt ist ein Beleg für die These, dass Gandhis Vorstellungen eines »guten Lebens« kaum Widerhall in der historischen Entwicklung dieser Staaten gefunden haben. Dennoch half Gandhi mit seinem Vorbild, das finstere Zeitalter des Imperialismus zu beenden, denn die Unabhängigkeit des indischen Subkontinents mit seinen 400 Millionen Einwohnern 1947 war ein historisches Signal an alle unterdrückten Völker und der Anfang vom Ende des globalen Kolonialismus. Nacheinander zerfielen das britische Weltreich und die Kolonialreiche der anderen europäischen Staaten Frankreich, Belgien, Niederlande, Spanien, Italien und Portugal.

Überall formierten sich Unabhängigkeitsbewegungen; Afrika, Asien und die Karibik befreiten sich in den folgenden Jahrzehnten von der Kolonialherrschaft. Leider wurden häufig

Befreiungs-
bewegungen
der ›Dritten Welt‹

blutige Kriege zwischen den Freiheitskämpfern und den Unterdrückern geführt – und leider endeten die Leiden der Bevölkerung in diesen Ländern keineswegs mit der Unabhängigkeit. Noch heute sind die willkürlichen Grenzziehungen der Kolonialherren Anlass für erbitterten Streit innerhalb dieser Staaten oder zwischen ihnen. Für Afrika bildete 1960 das entscheidende Jahr, in dem viele Staaten unabhängig wurden. Indien unter Nehru unterstützte die Befreiungsbewegungen in mehreren afrikanischen Ländern, so auch Nelson Mandela in Südafrika. Dschibuti war 1977 die letzte Kolonie auf dem afrikanischen Festland, die die Fremdherrschaft beenden konnte. In Asien wurden nach Indien und Pakistan auch Korea, Indochina und Indonesien unabhängig, China konnte den politischen und ökonomischen Einfluss westlicher Mächte 1949 beenden. Das zweite asiatische Riesenreich unter Mao Zedong beschritt einen anderen Weg als Indien. Der Sieg der sozialistischen Revolution veränderte sehr rasch selbst jahrtausendealte Traditionen. Dieser Entwicklungsprozess kulminierte in der »Kulturrevolution« von 1966 bis zu Maos Tod 1976. Die letzten bedeutenden Kolonien waren Hongkong, 1997 von den Briten, und Macao, 1999 von den Portugiesen an China zurückgegeben.

Nelson Mandela Im Gegensatz zu vielen Befreiungsbewegungen in Afrika kämpften die Farbigen in Südafrika unter der Führung von Nelson Mandela ausdrücklich nach den Ideen und mit den Mitteln Gandhis. Der African National Congress (ANC) ist auch hinsichtlich der Namensgebung stark an das indische Vorbild angelehnt. Doch angesichts der Brutalität des Apartheidregimes, die im Massaker von Sharpeville 1960 gipfelte, ging Mandela nach dem Verbot des ANC und anderer Anti-Apartheids-Gruppierungen als bewaffneter Kämpfer in den Untergrund. Er wurde als politischer Gefangener von 1962 bis 1990 zu einem Märtyrer für die farbige Bevölkerung Südafrikas. Steve Biko, der den gewaltfreien Widerstand weiterführte und den Aufstand in Soweto 1976 organisierte, bei dem 176 farbige Schüler und Studenten den Tod fanden, wurde 1977 von weißen Polizisten ermordet. Das rassistische Apartheidregime wurde in der Folge jedoch politisch und ökonomisch immer stärker isoliert. Erst 1990, nach langen Jahren des gewaltfreien Widerstands mit Protestmärschen und Boykotts, aber auch nach vielen Terroranschlägen der verschiedenen militanten Anti-Apartheid-Bewegungen, wurde der ANC wieder zugelassen. Nelson Mandela wurde wieder zur Führungspersönlichkeit des ANC und des gesamten Widerstands. 1993 erhielt er den Friedensnobelpreis und wurde 1994 in den ersten freien Wahlen, zu denen auch die farbige Bevölkerungsmehrheit zugelassen war, zum ersten farbigen Ministerpräsidenten in einem demokratischen Südafrika. Sein großes Vorbild Gandhi hatte übrigens, obwohl zwischen 1937 und 1948 fünfmal nominiert, nie den Friedensnobelpreis erhalten.

Auf Gandhis Ideen beruht auch das 1958 gegründete »Sarvodaya Shramadana Movement« in Sri Lanka. Im Rahmen dieser Bewegung helfen Hunderte von kleinen Gruppen den einfachen Menschen in den Dörfern, indem sie mit ihnen und für sie arbeiten, beispielsweise am Wochenende Schulen errichten oder renovieren, andere Aufgaben ehrenamtlich erledigen und gemeinsam mit den Menschen essen, reden und wohnen. In diesen »Shramadana-Camps« zur Dorfentwicklung lernen viele Stadtmenschen wie etwa Studenten das ›andere‹ Sri Lanka kennen. Einfache Menschen sollen auf diese Weise von ihrer Apathie und Hoffnungslosigkeit erlöst und aktiviert werden, sie sollen lernen, selbst die Initiative zu ergreifen und das Dorf mitzugestalten. Sarvodaya, Selbstversorgung und Selbständigkeit der Dörfer, soll mit Hilfe dieser Gruppen im ländlichen Raum Wirklichkeit werden. In ihren Idealen lässt sich die Bewegung von den Ideen Buddhas und Gandhis leiten: aktives Mitleiden statt bloßem Mitleid. In den achtziger Jahren bestanden auch in Deutschland, Belgien und den Niederlanden solche Gruppen, und 1981 wurde »Sarvodaya Shramadana International« gegründet. In den siebziger Jahren war zudem der argentinische Bürgerrechtler Adolfo Pérez Esquivel in Lateinamerika aktiv, der sich in seinem gewaltfreien Widerstand gegen die herrschenden Militärdiktaturen und für Frieden und Menschenrechte auf Gandhi berief und 1980 den Friedensnobelpreis erhielt.

Wirkung

Soziale Bewegungen in der ›Dritten Welt‹

Gandhis Ideen
zu Lebzeiten

Doch auch zu Lebzeiten Gandhis fielen selbst in den hochindustrialisierten Ländern des Westens seine Ideen und Methoden vielfach auf fruchtbaren Boden. So gab es in Deutschland in den zwanziger und dreißiger Jahren eine anarchistisch geprägte »Gandhi-Bewegung«, die eine generelle Zivilisationskritik, Selbsthilfe und alternative Lebensführung propagierte. In den zwanziger Jahren wurden in Europa Methoden des zivilen Ungehorsams eingesetzt, die sich jedoch keineswegs immer explizit auf den indischen Widerstand bezogen, sondern in pazifistischer Tradition standen. So kam es zu Arbeitsniederlegungen während der Besetzung des Ruhrgebiets durch die Siegermächte von Versailles und beim rechtsradikalen Kapp-Putsch, der die junge Weimarer Republik an den Rand des Bürgerkriegs brachte. Im Zweiten Weltkrieg wurde mit großer Disziplin gewaltfreier Widerstand gegen die Nazis geübt: In den Niederlanden fand ein Generalstreik gegen die »Judensterne« statt, in Norwegen streikten die Lehrer gegen die faschistische Operettenregierung, in Dänemark und Bulgarien verhinderten mutige Menschen die Deportation der Juden in die Konzentrationslager. Im Februar und März 1943 konnte selbst im Zentrum des Nazi-Reichs ein Erfolg des gewaltlosen Widerstands verzeichnet werden. In der Berliner Rosenstraße demonstrierten Frauen für die Freilassung ihrer jüdischen Ehemänner, die im Haus der Jüdischen Gemeinde interniert waren und auf ihren Abtransport warteten. Nach zehn Tagen ließ die Gestapo die Männer frei, die Frauen hatten sich trotz massiver Drohungen nicht einschüchtern lassen. Der deutsche Pazifist Dietrich Bonhoeffer wiederum war ein Anhänger Gandhis und plante nach Hitlers Machtergreifung 1933, Gandhi in Indien aufzusuchen, um die Philosophie und die Methoden des gewaltfreien Widerstands von ihm zu erlernen. Er wurde im April 1945 im KZ Flossenbürg ermordet. In den zwanziger Jahren gab es in Deutschland zahlreiche Veröffentlichungen von und über Gandhi, mehr als in der Zeit nach 1945.

Martin Luther
King

Nach dem Zweiten Weltkrieg war es Martin Luther King Jr., ein bekennender Anhänger Gandhis, der die Idee des gewaltlosen Widerstands in die Tat umsetzte. Zunächst schien es, als ob sich Gandhis Geschichte sieben Jahre nach seinem Tod in den USA wiederhole: Was mit zivilem Ungehorsam wegen der Ungleichbehandlung in öffentlichen Verkehrsmitteln begann, endete mit einem Mord. Martin Luther King (1929-1968) war ein farbiger Baptistenprediger aus den Südstaaten. 1955 organisierte er den Busboykott in Montgomery, Alabama. Rosa Parks hieß die mutige Satyagrahi, die sich weigerte, ihren Sitzplatz im Bus für einen weißen Mann zu räumen. Widerstandslos ließ sie sich verhaften und löste damit eine Welle der Solidarität bei den unterdrückten und nur formal gleichberechtigten farbigen Bürgern Amerikas aus. Die USA der fünfziger Jahre, in denen Senator McCarthy im Namen der Freiheit auf Menschenjagd gegen alle ging, die sich in irgendeiner Weise »unamerikanischer Umtriebe« verdächtig machten, waren ebenso von offener Rassendiskriminierung geprägt wie Südafrika und Indien unter britischer Herrschaft. Es gab Rassentrennung in Schulen, Kirchen, öffentlichen

Gebäuden, ja selbst auf Toiletten. Der einjährige Boykott der öffentlichen Verkehrsmittel war sehr erfolgreich und löste landesweit Diskussionen aus; 1956 hob ein Gericht schließlich

Martin Luther King und seine Frau Coretta führen einen Fünftagemarsch zum Alabama State Capitol in Montgomery an, 1965

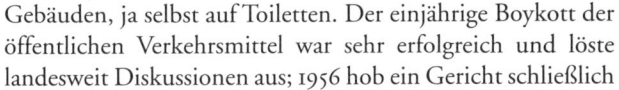

»Gandhi war der erste Mensch in der Geschichte, der Jesus' Liebesethik über eine bloße Beziehung zwischen Einzelpersonen hinaushob und sie zu einer gewaltigen und wirksamen sozialen Macht in großem Maßstab steigerte. Liebe war für Gandhi ein mächtiges Mittel zur sozialen und kollektiven Verwandlung. Darin, wie Gandhi auf Liebe und Nicht-Gewaltanwendung das Gewicht legte, entdeckte ich die Methode für eine Sozialreform, nach der ich so viele Monate gesucht hatte. [...] Ich gelangte zu der Überzeugung, daß dies die einzige moralisch und praktisch gesunde Methode war, die sich unterdrückten Menschen in ihrem Freiheitskampf eröffnete.« (Martin Luther King über Gandhi; zit. n. Gandhi-Informations-Zentrum 1988, S. 175 f.)

die Rassentrennung in öffentlichen Verkehrsmitteln auf. Die rassistische Terrororganisation Ku Klux Klan zündete im Verlauf der Kampagne Kings Haus an, aber die sich nun formierende Bürgerrechtsbewegung war nicht mehr aufzuhalten. Im Jahr 1957 hielt King über 200 Reden überall im Süden der USA und veröffentlichte sein erstes Buch. 1959 reiste er mit seiner Frau nach Indien, um an Gandhis alter Wirkungsstätte seine Ideen zu studieren. 1960 gab er seine Priesterstelle auf und widmete sich ganz dem gewaltlosen Kampf der Bürgerrechtsbewegung, der sich inzwischen auch Weiße angeschlossen hatten. In den frühen sechziger Jahren organisierte King mehrere Protestmärsche für die Bürgerrechte der Farbigen – etwa für bessere Wohnungen, Bildungs- und Arbeitsmöglichkeiten, Registrierung in den Wählerlisten – und wurde von den lokalen Behörden immer wieder schikaniert. Man verurteilte ihn beispielsweise zu sechs Monaten Zwangsarbeit, weil er beim Umzug von Montgomery nach Atlanta seinen Führerschein nicht umgemeldet hatte. Insgesamt dreißigmal wurde King inhaftiert, bewies aber wie sein Vorbild Gandhi Geduld mit seinen Unterdrückern. 1963 führte er einen Workshop zu gewaltlosem Widerstand in Birmingham durch. Der offen rassistisch auftretende Polizeichef ließ daraufhin King und 500 Farbige, darunter auch Kinder, verhaften. Diese Aktion machte King endgültig landesweit bekannt, nach seiner Freilassung wurde der Polizeichef seines Amtes enthoben. Zur gleichen Zeit erschütterten Morde an Bürgerrechtlern und Bombenanschläge rechtsradikaler Gruppierungen die Vereinigten Staaten.

Das Selbstbewusstsein der Farbigen wuchs, sie bekannten sich stolz zu ihrer afrikanischen Herkunft und zu ihrer Forderung nach Gleichberechtigung. Höhepunkt dieser Entwicklung war im August 1963 der Marsch auf Washington, an dem eine Viertelmillion Menschen teilnahm. Präsident John F. Kennedy, der mit einer persönlichen Kautionszahlung schon die sechs Monate Zwangsarbeit verhindert hatte, reagierte mit entsprechenden Gesetzentwürfen, die er jedoch nicht mehr umsetzen konnte. Im November 1963 wurde er in Dallas, Texas, erschossen. Sein Nachfolger setzte dann 1964 den »Civil

Rights Act« und 1965 den »Voting Rights Act« um, mit denen
die Rassentrennung in Einrichtungen wie Gaststätten, Ho-
tels, öffentlichen Verkehrsmitteln, Kinos und anderen Veran-
staltungsorten sowie die Diskriminierung farbiger Wähler
(beispielsweise durch Wahltests) aufgehoben wurden. King
erhielt für seinen Erfolg 1964 den Friedensnobelpreis, aber die
Gewalt rassistischer und rechtsradikaler Gruppen wie des Ku
Klux Klan hielt an. Nicht alle Farbigen hatten die Kraft, der
Gewalt friedlich zu widerstehen. Sie organisierten sich unter
ihrem charismatischen Führer Malcolm X als »Black Muslims« (eigentlich: »Nation of Islam«), die vor allem in den
Großstädten des Nordens und Kaliforniens aktiv waren. Sie
waren zur Gegengewalt bereit, und die Spannungen entluden
sich 1966 in blutigen Rassenunruhen.

King engagierte sich in dieser Zeit nicht nur für die Beseitigung gesellschaftlicher Ungleichheit und Armut, sondern
auch gegen den Krieg in Vietnam. Die Protestbewegung gegen den sinnlosen Krieg im fernen Südostasien erfasste die
studentische Jugend in den ganzen USA und war Teil der
Flowerpower- und Hippie-Bewegung Mitte der sechziger
Jahre, die sich gegen die imperialistische Außenpolitik im
Kalten Krieg wie auch gegen die konsum- und profitorien-
tierten Lebensverhältnisse im Innern richtete. Damit hatte
King das ›Establishment‹ in Washington gegen sich aufge-
bracht, unter anderem drangsalierte ihn das FBI. Im April
1968 wurde Martin Luther King in Memphis, Tennessee, von
einem weißen Rassisten erschossen. Sein Engagement für die **Ermordung Kings**
Bürgerrechte und gegen den Krieg wurde von mutigen Men-
schen wie Philip und Daniel Berrigan weitergeführt, zwei
Priestern, die den gewaltlosen Protest gegen den Vietnam-
krieg organisierten, vom FBI in den frühen siebziger Jahren
regelrecht gejagt wurden und in den achtziger Jahren die
»Pflugschar«-Aktionen gegen Atomraketen initiierten.

Der Anti-Vietnamkriegsprotest und die Hippie-Bewegung
erreichten als Massenbewegung 1967 auch Europa. Überall
gingen Menschen auf die Straßen, darunter in erster Linie die
Studenten. Gandhis Methoden spielten für die »Außerparla-
mentarische Opposition« (APO), die sich in dieser Zeit in

Deutschland bildete, zwar eine Rolle, aber die Ikonen der Bewegung waren der nordvietnamesische Staatschef Ho Chi Minh und der lateinamerikanische Revolutionär Che Guevara. Gandhi war für die damalige Protestbewegung nicht radikal genug. Revolution stand für die junge Generation auf der politischen Agenda, nicht allmähliche Evolution oder der Kompromiss. Der Protest gegen die herrschenden Eliten und den Kapitalismus wurde nach der Erschießung des Studenten Benno Ohnesorg durch einen Polizisten 1967 zu einer Massenbewegung, die in den siebziger Jahren erfolgreich den

Protestbewegungen in Europa »Marsch durch die Institutionen« antrat. Gandhis impliziter Beitrag zu den Studentenprotesten ist jedoch kaum zu überschätzen. Das eigentlich Neue an Gandhis Methode des politischen Kampfes war die Verknüpfung von Protest und Gewaltfreiheit. Seit den Bewegungen in den sechziger Jahren wurde gerade in den westlichen Ländern eine regelrechte ›Protestkultur‹ entwickelt und eingeübt, in der alle Beteiligten inzwischen ihre Rolle gefunden haben: friedliche Demonstrationszüge, begleitet von ebenso friedlichen Polizeieinheiten; Sitzblockaden, deren Teilnehmer sich widerstandslos von den Polizisten wegtragen lassen und ein Bußgeld wegen Landfriedensbruch akzeptieren. Neben diesen Formen des zivilen Ungehorsams werden Unterschriftensammlungen initiiert, Hungerstreiks, Boykottaufrufe, Arbeitsniederlegungen, Agitation (und sei es eine Antikriegsparole, die man aus dem Fenster hängt), friedliche Hausbesetzungen und vieles mehr. Eine derartige Protestkultur wurde nicht zuletzt auch in den sozialistischen Ländern vor 1989 entwickelt und war Voraussetzung für die friedlichen Revolutionen. Inzwischen hat sich eine gesellschaftliche Routine der Satyagraha und der Gewaltfreiheit in Europa etabliert, ohne dass der Name Gandhi in diesem Zusammenhang fiele.

Soziale Bewegungen in Deutschland Geduld und Beharrlichkeit zeichneten auch die deutsche Friedens-, Umwelt, Frauen- und Antiatomkraftbewegung aus. Ende der siebziger Jahre noch als weltfremde Spinner von der konservativen Presse verleumdet, sickerten die Ideen der Bewegungen langsam ins kollektive Bewusstsein der Republik und sind heute fester Bestandteil des Allgemeinwissens. Der

Umweltpolitik wird angesichts der klimatischen Veränderungen auf der Erde schon längst eine andere Bedeutung beigemessen als noch eine Generation zuvor. Die Luft in den Städten und das Wasser in Flüssen und Seen sind sauberer geworden, Schadstoffemissionen wurden stufenweise gedrosselt, und der Ausstieg aus der Atomkraft hat längst begonnen. In Deutschland und in Europa allgemein wurde seit Ende des Kalten Kriegs 1989 / 90 militärisch abgerüstet, die Bedrohung durch einen Atomkrieg existiert praktisch nicht mehr. Fast scheint es so, als ob »Petting statt Pershing« Wirklichkeit wurde. Der friedliche Protest hat dazu beigetragen, das Wettrüsten der Supermächte USA und UdSSR zu beenden. Selbst der Frauenbewegung wird man kaum die Fortschritte in den letzten Jahrzehnten auf dem Weg zur Gleichberechtigung der Geschlechter absprechen können. Die Friedensbewegung der späten siebziger und achtziger Jahre wiederholte im Übrigen das Muster der Studentenbewegung der sechziger Jahre und ist größtenteils in der Partei der »Grünen« aufgegangen und damit letztlich auch in den ›Institutionen‹ angekommen. Von Gandhi und der europäischen Traditionslinie des Pazifismus übernahmen diese sozialen Bewegungen die Idee des zivilen Ungehorsams und bezogen sich dabei zugleich auf Artikel 20 (Absatz 4) des deutschen Grundgesetzes, der ein Recht auf zivilen Ungehorsam und jegliche andere Form des Widerstands zur Verteidigung von Freiheit und Demokratie ausdrücklich billigt: »Gegen jeden, der es unternimmt, diese Ordnung zu beseitigen, haben alle Deutschen das Recht zum Widerstand, wenn andere Abhilfe nicht möglich ist.« In den frühen achtziger Jahren, der Hochphase der Friedensbewegung, beeindruckte der Kinofilm *Gandhi* die damalige Protestgeneration. Die Ausdrucksformen des Protests gegenwärtiger sozialer Bewegungen wie Attac oder Greenpeace unterscheiden sich von ihren Vorläufern nur marginal, auch sie setzen auf Aktionen des zivilen Ungehorsams, um Anhänger und Öffentlichkeit für ihre Anliegen zu mobilisieren.

Eine große Bedeutung hatte der gewaltfreie Widerstand für die Bürgerrechtler in den mittel- und osteuropäischen Ländern, die bis 1989 in sozialistischen Regimes unterdrückt

Friedliche Revolutionen

Sitzblockade im
Zeichen Gandhis:
Atomkraftgegner
demonstrieren
gegen den
Castor-Transport
nach Gorleben,
1997

wurden. Gewaltfreier Widerstand war der Kern des »Prager Frühlings«. Die Bestrebungen Alexander Dubčeks und seiner Regierung, den tschechoslowakischen Sozialismus zu reformieren, endeten mit dem Einmarsch der sowjetischen Armee und ihrer Verbündeten im August 1968. Die Regierung beschloss, nicht militärisch gegen die Besatzer vorzugehen, und rief die Bevölkerung zu gewaltlosem Widerstand auf. Die geschlossene Verweigerung der Zusammenarbeit ließ die schnelle Einsetzung einer Marionettenregierung scheitern, dennoch wurden in der Folge alle politischen Reformprojekte gestoppt. Zwischen 1976 und 1989 kämpften die Bürgerrechtler der »Charta 77« für die Menschenrechte in ihrem Land. Václav Havel wurde nach der friedlich verlaufenen »samtenen Revolution« von 1989 erster frei gewählter Präsident der Tschechoslowakei, von 1993 bis 2003 war er Präsident der Tschechischen Republik. Dubček wurde der erste Parlamentspräsident des Landes. Ungarn, dessen Bevölkerung bereits 1956 vergeblich gegen das stalinistische Marionettenregime revoltiert hatte, wagte es Ende der achtziger Jahre als erstes Land des Warschauer Pakts, die Bindungen zur russischen Hegemonialmacht zu lösen. Das Land reformierte sich vorsichtig in Richtung Marktwirtschaft und Mehrparteiensystem, ohne dass es erneut zu einem Einmarsch der »Bruder-

> »Gandhi, der grösste politische Genius unserer Zeit, hat den Weg gewiesen und gezeigt, welcher Opfer Menschen fähig sind, wenn sie den richtigen Weg erkannt haben. Sein Befreiungswerk für Indien ist ein lebendiges Zeugnis dafür, dass der von fester Überzeugung beherrschte Wille stärker ist als die scheinbar unüberwindliche materielle Macht.« (Albert Einstein über Gandhi; Einstein 2004, S. 582)

staaten« gekommen wäre. Die Ungarn schenkten im September 1989 vielen Bürgern der DDR die Freiheit, indem sie an den Grenzzäunen zu Österreich und bei den Botschaftsbesetzungen beide Augen zudrückten. Damit bekam der Eiserne Vorhang zwischen dem kapitalistischen Westen und dem sozialistischen Osten Europas den ersten Riss. Im Oktober 1989 wurde eine neue demokratische Verfassung angenommen und in freien Wahlen eine neue Regierung bestimmt. In Polen setzte Lech Wałęsa, der Anführer der Danziger Werftarbeiterstreiks 1970 und 1980, ebenfalls den zivilen Ungehorsam und die Nicht-Zusammenarbeit als politische Mittel ein. Die Arbeiter gründeten die erste freie Gewerkschaft »Solidarność«, Wałęsa wurde ihr Vorsitzender. In den achtziger Jahren, noch vor dem Amtsantritt Michail Gorbatschows, der mit seiner neuen Politik der »Perestroika« (Veränderung) und »Glasnost« (Offenheit) das Ende des Kalten Kriegs einleitete, waren die Bestrebungen nach Freiheit und Unabhängigkeit von Moskau nicht mehr zu unterdrücken. Auch die Verhängung des Kriegsrechts durch den polnischen Staatschef General Jaruzelski von 1981 bis 1983, das Verbot der Solidarność 1982 und der drohende Einmarsch der Roten Armee änderten daran nichts. Wałęsa war während des Kriegsrechts politischer Gefangener und erhielt 1983 den Friedensnobelpreis, während seine Bürgerrechtsorganisation im Untergrund weiterarbeitete. In Polen wurden im Frühjahr 1989 die ersten freien Wahlen im Ostblock durchgeführt, bei denen der Schriftsteller, ehemalige politische Gefangene und liberale Politiker Tadeusz Mazowiecki zum ersten nicht-sozialistischen Ministerpräsidenten nach dem Zweiten Weltkrieg gewählt wurde. Lech

Wałęsa wiederum war von 1990 bis 1995 der erste frei gewählte Staatspräsident des demokratischen Polens. Mit dem Beitritt vieler mittel- und osteuropäischer Staaten zur Europäischen Union 2004 endete die politische, gesellschaftliche und wirtschaftliche Spaltung Europas, die nach dem Zweiten Weltkrieg begonnen hatte.

Revolution in Deutschland Wohl niemand führte die Revolution so diszipliniert durch wie die Ostdeutschen. Seit September 1989 wurde zunächst in Leipzig, dann in anderen Städten der DDR jeden Montag pünktlich nach Feierabend für die Freiheit demonstriert. In Prag und Budapest besetzten die Menschen, die nur mit ihren Füßen gegen das SED-Regime abstimmen wollten, die Botschaften der westdeutschen Bundesrepublik. Neben »Wir sind das Volk!« lautete bei den Montagsdemonstrationen die zweite wichtige Parole »Keine Gewalt!«. Da die Demonstrationen illegal waren, stellten sie ebenso wie nach der Maueröffnung die Besetzung von Zentralen der Staatssicherheit, in denen regalkilometerweise staatliche Geheimdienstinformationen über die eigene Bevölkerung lagerten, eine Form des zivilen Ungehorsams und des gewaltlosen Widerstands dar. Zu einem Generalstreik oder zu einem Boykott staatlicher Einrichtungen kam es nicht.

Auch in der auf den gerechten Ausgleich aller Interessen ausgerichteten Institution des »Runden Tisches«, der nach dem Abdanken der SED-Führung eingerichtet wurde, finden sich Gandhis Spuren, seine Geduld und seine Kompromissbereitschaft in politischen Verhandlungen. Bekanntlich mündeten diese politischen Veränderungen in der deutschen Wiedervereinigung im Oktober 1990. Am Ende hatte ganz Mittel- und Osteuropa seine Freiheit gewonnen, weil der sowjetische Staatschef Gorbatschow auf die gewaltsame Unterdrückung dieser friedlichen Widerstands- und Freiheitsbewegungen verzichtet hatte. Dafür wurde er 1990 mit dem Friedensnobelpreis ausgezeichnet. Glücklicherweise scheiterte ein Putschversuch des sozialistischen Partei- und Militärapparats im August 1991, die Sowjetunion brach zusammen und entließ ihre Teilrepubliken in die Unabhängigkeit.

Auf dem asiatischen Kontinent waren, im Gegensatz zu Nordamerika und Europa, die Ideen und Methoden Gandhis nicht von Erfolg gekrönt. Zur selben Zeit, als in Mittel- und Osteuropa das politische ›Establishment‹ reihenweise seine Macht verlor, wurde die chinesische Studentenbewegung brutal zerschlagen. Auch in China spürten die Menschen die historische Veränderung, die durch Perestroika und Glasnost ausgelöst worden war. Vor allem die Studenten wollten die Herrschaft der Kommunistischen Partei (KPCh) brechen, um Demokratie und Marktwirtschaft zu wagen. Bereits unter Deng Xiaoping (1904-1997) wurde mit den Theorien von Marx und Lenin nach Maos Tod relativ pragmatisch umgegangen, indem »Sonderwirtschaftszonen« eingerichtet wurden, in denen sich die Idee einer »sozialistischen Marktwirtschaft« bewähren konnte. Neben dieser ökonomischen Liberalisierung forderte die junge Generation in den späten achtziger Jahren auch politische Zugeständnisse. Die Ereignisse kulminierten im Frühjahr 1989 mit Massenprotesten auf dem »Platz des himmlischen Friedens« in Peking, wo täglich etwa 100 000 Menschen für die Freilassung der politischen Gefangenen, für Demokratie sowie gegen Korruption und den konservativen KPCh-Flügel demonstrierten. Eine über zehn Meter hohe Skulptur, die »Göttin der Demokratie«, wurde von den Studenten auf dem Platz errichtet, 2 000 von ihnen traten für ihre politischen Ziele in einen Hungerstreik. Im Juni wurde der Widerstand in Peking und in anderen Städten auf Anweisung des Regimes vom chinesischen Militär zerschlagen, landesweit gab es etwa 3 000 Todesopfer. Viele weitere Menschen, die sich an den Protesten beteiligt hatten, wurden in der Folge zu langjährigen Haftstrafen oder zum Tode verurteilt.

Ebenfalls 1989 wurde in Myanmar die Oppositionsführerin Aung San Suu Kyi unter Hausarrest gestellt. Die Tochter eines bedeutenden Widerstandskämpfers gegen die britische Herrschaft im damaligen Birma, die zuvor im Ausland gelebt hatte, wagte es 1988, eine demokratische Partei zu gründen, die der Militärdiktatur in ihrem Land mit zivilem Ungehorsam und gewaltlosem Widerstand entgegentreten wollte. Nach der Verhängung des Hausarrests, was einer faktischen

Gewaltfreier Widerstand in Asien

Wirkung

Inhaftierung gleichkam, und der Verhaftung ihrer Anhänger trat sie in einen Hungerstreik, mit dem sie die Verschonung ihrer Mitstreiter und Hafterleichterungen erreichte. Ihre Partei gewann 1990 die Wahlen, das Ergebnis wurde jedoch von den Militärs nicht anerkannt. 1991 erhielt Aung San Suu Kyi den Friedensnobelpreis. Der Hausarrest wurde 1995 wieder aufgehoben, aber ihre Bewegungsfreiheit war stark eingeschränkt, auch wenn sie nun immerhin Besucher empfangen durfte. Seit dem Jahr 2000 steht Aung San Suu Kyi wieder unter Hausarrest und wirkt, wie zuvor Nelson Mandela, durch ihre Person auf die Menschen in ihrem Land, für die sie stellvertretend leidet.

Auch in Tibet wurde seit der Besetzung des Landes durch China 1950 gewaltfreier Widerstand gegen die Unterdrücker geleistet. Nachdem die Gespräche des XIV. Dalai Lama, Tenzin Gyatso, mit Mao Zedong 1954 gescheitert waren und ein Volksaufstand 1959 blutig niedergeschlagen wurde, musste die tibetanische Führung ins indische Exil flüchten. Während der Kulturrevolution wurden viele Klöster zerstört und Hunderttausende Tibetaner getötet. In Dharamsala, im Norden Indiens, halten sich der Dalai Lama und die tibetanische Exilregierung noch heute auf und kämpfen mit friedlichen Mitteln

»Am Tag darauf pilgerte ich zum Rajghat an den Ufern des Jamuna, wo Mahatma Gandhi eingeäschert worden war. Es war ein ruhiger und schöner Platz, und ich fühlte eine tiefe Dankbarkeit, daß ich dort sein durfte als Gast eines Volkes, das wie mein eigenes die Fremdherrschaft erleiden mußte, in einem Land, in dem Gandhis Lehre von der Gewaltlosigkeit weiterlebte. Während ich betete, fühlte ich eine tiefe Traurigkeit, weil ich nie die Möglichkeit haben würde, Mahatma Gandhi persönlich kennenzulernen, und zugleich eine große Freude über das wunderbare Vorbild, das sein Leben bot. Er ist für mich ein vollkommener Politiker, ein Mensch, dessen höchstes Prinzip die Nächstenliebe war. Ich bin davon überzeugt, daß seine Hingabe an die Sache der Gewaltlosigkeit der einzig sinnvolle Weg ist, Politik zu betreiben.« (Der XIV. Dalai Lama auf den Spuren Gandhis; Dalai Lama 1994, S. 170 f.)

gegen die Besetzung des Landes. Hier lernte der Buddhist auch die Ideen Gandhis kennen. Seine Standhaftigkeit verbunden mit Sanftheit, sein Mut verbunden mit Friedfertigkeit waren für den Dalai Lama vorbildhaft. Seinen Friedensnobelpreis 1989 widmete er unter anderem Mahatma Gandhi. In seiner Autobiographie *Das Buch der Freiheit* (*Freedom in Exile*) berichtet er über seine erste Reise nach Indien 1956 und die Auseinandersetzung mit Gandhis Lehre vom gewaltlosen Widerstand. Als letztes und vergleichsweise aktuelles Beispiel sei an dieser Stelle die Umsetzung von Gandhis Methoden im jugoslawischen Bürgerkrieg genannt. Im zu Serbien gehörenden, aber von einer albanischen Bevölkerungsmehrheit bewohnten Kosovo wurde seit 1992 der Widerstand der Albaner gegen die als Unterdrücker betrachtete Obrigkeit gewaltfrei organisiert. Nachdem der Anführer des Widerstands, Ibrahim Rugova, im März 1998 von einer überwältigenden Mehrheit zum Präsidenten gewählt und ein unabhängiges Parlament ins Leben gerufen wurde, lösten serbische Polizeikräfte Regierung und Volksvertretung auf. Erst im Anschluss daran begann der bewaffnete Kampf der albanischen Befreiungsarmee (UÇK) gegen die serbische Herrschaft.

Abgesehen von all diesen Widerstands- und Unabhängigkeitsbewegungen, deren Protagonisten sich letztlich Gandhis Mittel des politischen Kampfes bedient haben, gibt es auch eine Reihe von Initiativen und Einrichtungen, die ihre Tätigkeit explizit auf Gandhis Lehre und sein Wirken beziehen. Der Spanier Lanza del Vasto (1901-1981) gründete, nachdem er von einem dreimonatigen Aufenthalt in Gandhis Ashram, wieder nach Europa zurückgekehrt war, die Arche-Bewegung. Seine erste Gemeinschaft, die nach dem Vorbild Gandhis das einfache Leben auf dem Lande umzusetzen versuchte, entstand 1948 in Frankreich. Im Laufe der Jahrzehnte wuchs die Bewegung auf 15 Gemeinschaften in Europa, Amerika und Israel an. Von 1957 bis 1963 organisierten sie gewaltfreie Aktionen gegen den Algerienkrieg Frankreichs und für das Recht auf Kriegsdienstverweigerung, später folgten weitere Aktionen zur Versöhnung zwischen ehemaligen Kolonialmächten und ihren früheren Kolonien. Inzwischen ist die Bewegung

Arbeit im Sinne Gandhis

wieder auf drei Gemeinschaften in Frankreich geschrumpft und konzentriert sich politisch auf den Irak-Krieg der USA. Danilo Dolci (1924-1997) war in den fünfziger Jahren der »Gandhi Siziliens«, der durch Hungerstreiks auf das Elend in den Slums von Palermo und anderen Städten aufmerksam machte. Zudem engagierte er sich bis zu seinem Tod gegen die Mafia. Seine Bewegung und sein persönliches Engagement wurden in der Vergangenheit häufig mit der Arbeit von Martin Luther King verglichen.

In Deutschland wurde in den frühen sechziger Jahren ein Netzwerk von Friedensbrigaden erprobt. Der deutsche Friedensforscher Theodor Ebert beteiligte sich maßgeblich an der Entwicklung einer »gewaltfreien Zivilarmee« nach dem Vorbild von Gandhis »Shanti Sena«. Gruppen von Kriegsdienstverweigerern organisierten sich in verschiedenen deutschen Städten, Ebert wurde Sprecher der Organisation, und 1969 wurde die Zeitschrift *Gewaltfreie Aktion* gegründet. Im Rahmen dieser Bewegung entstand auch das Konzept der »Sozialen Verteidigung«. Soziale Verteidigung soll heißen, dass eine Bevölkerung ihr Territorium nicht militärisch schützt, sondern durch Formen des zivilen Ungehorsams wie Generalstreik und Boykott auf einen Angriff reagiert. Der Aggressor hätte im Falle eines Zusammenbruchs der öffentlichen Ordnung und der wirtschaftlichen Tätigkeit nur einen kurzfristigen materiellen Nutzen (Demontage, Plünderung), der in keinem vernünftigen Verhältnis zu den Kosten eines Militäreinsatzes und einer Neuorganisation in Wirtschaft, öffentlichen Einrichtungen und Verwaltung stünde. Gemeinsam mit den Teilnehmern der Ostermärsche sind die organisierten Kriegsdienstverweigerer die Vorläufer der Protestbewegung von 1967/68 und der Friedensbewegung in den siebziger und achtziger Jahren. Heute gibt es, neben dem Internationalen Versöhnungsbund, zahlreiche Vereine und Initiativen, die sich mit gewaltfreiem Widerstand befassen, als Beispiele seien hier der 1989 gegründete Bund für Soziale Verteidigung und das Forum Ziviler Friedensdienst genannt. Neben Kriegsdienstverweigerern und Pazifisten formierte sich Anfang der siebziger Jahre die sogenannte Graswurzelbewegung, die in der Verbindung anarchistischer und pazifistischer Ideen über gewaltfreie Aktionen jede Art von Herrschaft und Gewalt überwinden wollte, um so schließlich den Zustand völliger Herrschaftsfreiheit (Anarchie) in einer dezentralisierten Basisdemokratie zu erreichen. Nicht zuletzt pflegten die »Grünen« über Petra Kelly bis zu deren Tod 1992 gute Kontakte zu den Gandhi-Anhängern in Indien. Danach setzte sich jedoch zunehmend der realpolitische Flügel der Partei durch, und die Zusammenarbeit verlor an Bedeutung. Eine parteipolitische Entwicklung, die in der deutschen Beteiligung an Militäreinsätzen vom Kosovo bis Afghanistan während der grünen Regierungsbeteiligung von 1998 bis 2005 ihren Abschluss fand.

Gandhis Name ist heute in aller Welt präsent, die Institutionen, die sich seinem Erbe verschrieben haben, sind vielfältig. **Gandhi in aller Welt** Auf internationaler Ebene widmen sich in Kanada die Mahatma Gandhi Canadian Foundation for World Peace in Edmonton sowie in den USA die Mahatma Gandhi Memorial Foundation in Washington, D. C., und die Gandhi Memorial International Foundation in New York City seinem Vermächtnis. Gandhi-Zentren gibt es unter anderem in Belgien, Schweden und den Niederlanden. Der Enkel Gandhis, Arun Gandhi, gründete an der Christian Brothers Universität von Memphis, Tennessee, das M. K. Gandhi Institute for Nonviolence. The Gandhi Foundation in London vergibt jedes Jahr einen Friedenspreis und engagiert sich in Entwicklungsprojekten in Indien und anderen Ländern der ›Dritten Welt‹. Der »Gandhi-King-Award for Non-Violence« des World Movement for Nonviolence wird jährlich in Kooperation mit den Vereinten Nationen vergeben, Preisträger war unter anderem Nelson Mandela; skandinavische Friedensakademien und -stiftungen wie die Danish Peace Academy oder die Transnational Foundation TFF beziehen sich ausdrücklich auf Gandhi. Ansprechpartner für weiterführende Informationen in Deutschland sind das Gandhi-Informations-Zentrum und die GandhiServe Foundation in Berlin. Überall auf der Welt errichtete man Gandhi-Denkmäler: In London, Paris, Moskau, Kopenhagen oder Barcelona, in San Francisco, Chicago oder New York, selbst an entfernten Orten wie dem australischen Canberra und Honolulu findet man die Statuen. Im südafrikanischen Pietermaritzburg, wo Gandhis Kampf gegen die Ungerechtigkeit mit seiner gewaltsamen Entfernung aus dem Zug begann, steht seit dem Ende der Apartheid ebenfalls ein Denkmal im Stadtzentrum.

Gandhi war eine Berühmtheit schon lange vor seinem Tod, und bereits zu Lebzeiten entstanden mehrere Biographien über ihn. Die bekannteste davon veröffentlichte 1923 Romain Rolland. Der erklärte Pazifist und Literaturnobelpreisträger von 1915 zeichnet in *Mahatma Gandhi* ein sehr persönliches Bild des Menschen Gandhi, den er aus zahlreichen Gesprächen kannte.

»Ruhige dunkle Augen. Ein schmächtiger Leib, ein hageres Gesicht und weit abstehende Ohren. Er trägt eine weiße Mütze, hüllt sich in grobes weißes Tuch und geht barfuß. Er nährt sich von Reis und Früchten. Er trinkt nur Wasser. Er schläft auf dem nackten Boden. Er schläft überhaupt wenig und arbeitet ohne Unterlaß. Sein Körper scheint nicht zu zählen. Nichts an dem Manne fällt bei einer ersten Begegnung auf als ›ein Ausdruck unendlicher Geduld und Liebe‹ [...]. Er ist einfach wie ein Kind, sanft und höflich, selbst mit seinen Gegnern, und von makelloser Aufrichtigkeit. Er denkt von sich äußerst bescheiden und ist gewissenhaft in einem Maß, daß er oft unschlüssig erscheint, als ob er sagen wollte: ›Ich kann mich irren‹. [...] Im Grunde ist er mißtrauisch gegenüber der Menge [...]. Er fühlt sich nur in der Minderheit wohl und nur in der Einsamkeit glücklich, wo er der leisen inneren Stimme lauscht [...], der er folgen muß.« (Der Biograph Romain Rolland über Gandhi; zit. n. Gandhi-Informations-Zentrum 1988, S. 177)

Auch Albert Einstein konnte sich der Wirkung Gandhis nicht entziehen: »Ein Führer seines Volkes, ohne von äußerer Autorität gestützt zu sein, ein Politiker, dessen Erfolg nicht auf der Beherrschung und Meisterung technischer Mittel beruht, sondern einfach auf der überzeugenden Kraft seiner Persönlichkeit, ein siegreicher Kämpfer, der immer die Anwendung

von Gewalt verschmähte, ein Mann von Weisheit und Bescheidenheit, gewappnet mit entschlossener und unbeugsamer Widerstandskraft, der seine ganze Stärke der Erhebung
seines Volkes und der Verbesserung seines Loses weihte,
ein Mann, welcher der Brutalität Europas die Würde des
schlichten Menschenwesens gegenüberstellte und sich so alle
Male überlegen erwies.« (zit. n. Gandhi-Informations-Zentrum 1988, S. 174 f.) Der deutsche Friedensnobelpreisträger
Albert Schweitzer, der als Arzt und Philosoph in Afrika
wirkte, bemerkte schlicht: »Gandhi führt fort, was Buddha
begann.« (zit. n. Gandhi-Informations-Zentrum 1988, S. 177)
Selbst ein der Geistesgröße so unverdächtiger Mann wie Franz
Beckenbauer bedauerte einmal: »Leider habe ich Mahatma
Gandhi nicht mehr kennen gelernt, auch nicht Jesus. Sie wären höchst interessante Gesprächspartner für mich gewesen.«
Bis in die Gegenwart erweisen politische Demonstrationen
Gandhi, der Ikone friedlicher Veränderungen, in Form von
Bildern und Zitaten ihre Reverenz. Sein Gedankengut findet
bis heute Verbreitung, wenn auch bisweilen in überraschen-
der Form. Im Januar 2003 begnadigte der republikanische Senator George Ryan alle 167 Todeskandidaten in seinem Bundesstaat und wandelte ihre Strafe in lebenslange Haft um. In
seiner Begründung für diese menschliche Entscheidung
führte er Gandhis Ausspruch »Auge um Auge, und bald ist die
Welt blind« an.
Was der Zeitgenosse Gandhis, der britische Geschichtsphilosoph Arnold J. Toynbee, über den politischen Gandhi sagte,
hat bis heute nichts von seiner Gültigkeit verloren: »Slums
müssen beseitigt werden, und zur Beseitigung von Slums
braucht man Helden, die sie in die Hand nehmen. Aber man
kann nicht Hand anlegen, um Slums zu beseitigen, ohne die
Gefahr, sich schmutzig zu machen. Die Slums der Politik sind
moralische Slums, und die Beschmutzung, die einen Arbeiter
in diesen Slums bedroht, ist moralische Beschmutzung. Aus
diesem Grund haben viele empfindsame, reine und edle Geister davon Abstand genommen, an der Politik teilzunehmen.
Und diese Zurückhaltung, natürlich wie sie ist, hat einen cir-
culus vitiosus geschaffen; denn die Politik kann nicht erlöst

Gandhis
gesamter
weltlicher
Besitz

werden, es sei denn, die edelsten Geister widmen sich dieser
wenig anziehenden Aufgabe. Die Aufgabe, die Politik zu erlösen, wird immer drängender, je mehr des Menschen Beherrschung materieller Macht anwächst und Politik das Gebiet ist,
auf dem die Macht am brutalsten auf die Gestaltung der
menschlichen Beziehungen angewendet wird. […] Die geistige Gabe, die Gandhi in den Stand setzte, sich frei von Beschmutzung zu halten, war meines Erachtens die Gabe –
wahrhaftig eine seltene –, in geistigen Slums zu leben und zu
arbeiten, ohne sich jemals zu akklimatisieren. In seinem
innersten Selbst blieb Gandhi, glaube ich, fern von der Politik, wenn auch sein äußeres Selbst höchst aktiv hinein verwi-
ckelt war.« (zit. n. Rau 2005, S. 139)
Gandhi beeindruckte viele moderne Denker, Politiker und
Publizisten. Seine Ideen und seine Lebensweise waren Vorbild
für Generationen von Pazifisten und Sinnsuchern, die in der

»Im Atomzeitalter, mehr als je zuvor, braucht man Heilige, die sich auf ihre eigene geistige Gefahr hin in den Schlamm der Politik stürzen. Gandhi sprang bis zum Hals hinein und kam geistig unbeschädigt durch.« (Der Geschichtsphilosoph Arnold J. Toynbee über Gandhi in der Politik; zit. n. Rau 2005, S. 139)

asiatischen Philosophie, in Meditation und Askese einen Ausweg aus einer Lebenswirklichkeit suchten, die sie als abendländische Sackgasse von Fortschritt und Technik empfanden. Gandhis Philosophie und seine Methoden jedoch werden bis heute fast ausschließlich bruchstückhaft verwendet: So bedienten sich die Friedensbewegung der Idee vom gewaltlosen Widerstand als Mittel zur Durchsetzung ihrer Anliegen, die ›Aussteiger‹ seines Ideals der Rückkehr zum einfachen Leben und der Askese, Gläubige seines tiefen Glaubens, Vegetarier seiner Ernährungsweise oder die Kibbuz-Bewegung seiner Ashram-Ökonomie. Auch wenn Gandhi heute keinen Einfluss mehr auf die Politik im Sinne der politisch herrschenden Klasse hat, so leben seine Ideen und seine politische Praxis in aller Welt weiter. Sein Geist findet sich in friedlichen Formen des politischen Protests, in nachhaltiger Wirtschaft, Ablehnung von Krieg und Todesstrafe, in sozialer Gleichheit und religiöser Toleranz, im Verzicht auf nutzlosen Reichtum und überflüssigen Luxus, in der Rückbesinnung auf das Wesentliche. Gandhi selbst steht dabei zugleich in der großen pazifistischen Tradition von Erasmus von Rotterdam über Bertha von Suttner bis in die Gegenwart.

Gandhi in den Medien

Gandhi gab zahllose Interviews und sprach regelmäßig im Rundfunk. Spätestens seit dem Ersten Weltkrieg war er durchgängig medial präsent. Es wäre müßig, alle Ausstellungen aufzulisten, die während der vergangenen Jahrzehnte weltweit zu Gandhi präsentiert wurden. Da er bereits zu Lebzeiten eine bekannte Figur des öffentlichen Lebens war, stellte man ihn auch häufig in Karikaturen dar. Während er anfangs noch undifferenziert als Farbiger oder Kuli, als anonymer

Durchschnittsinder in traditioneller Tracht gezeichnet wurde, überwog später, als er bereits weltberühmt war, eine individualisierte Darstellung. Dabei wurde seine äußere Gestalt überzeichnet, seine persönlichen Merkmale übertrieben: Glatze, abstehende Ohren, wulstige Lippen, dicke Tropfnase, Brille, Bettlergewand.

Presse In der zeitgenössischen britischen Presse wurde Gandhi, der dem Imperium das Kronjuwel entreißen wollte, natürlich sehr kritisch in Text und Bild dargestellt. Die US-amerikanische Zeitschrift *Time* erklärte ihn Ende 1999 nach Albert Einstein und gemeinsam mit dem US-Präsidenten Franklin D. Roosevelt zum wichtigsten Mann des 20. Jahrhunderts.

Film Über sein Leben sind mehrere Filme gedreht worden. Der bekannteste ist sicherlich *Gandhi* von Richard Attenborough, der 1982 in die Kinos kam. Der Untertitel lautet *His Triumph Changed The World Forever*. Die Filmerzählung setzt in Südafrika ein, Kindheit, familiärer Hintergrund und Studium in London werden völlig ausgeblendet. Im Vordergrund stehen sein politischer Kampf und seine Sozialarbeit; der spirituelle Aspekt seines Lebens sowie seine moralphilosophischen Konzepte von Gewaltlosigkeit, Besitzlosigkeit und Askese bleiben eine Randerscheinung. Vor allem die großen symbolischen Aktionen wie die Besetzung des Salzbergwerks werden in eindrucksvollen Bildern dargestellt. Bei der rituellen Verbrennung von Gandhis Leichnam, die in Indien gedreht wurde,

Ben Kingsley als Gandhi in Richard Attenboroughs Leinwandepos von 1982

kamen 300 000 Komparsen zum Einsatz. Der exzellente Hauptdarsteller Ben Kingsley, mit wirklichem Namen Krishna Bhanji, ist selbst indischer Herkunft, seine Familie stammt aus Gujarat, der Heimat Mahatma Gandhis. Attenborough war zugleich Produzent der britisch-indisch-amerikanischen Koproduktion, für die Ravi Shankar die Musik komponierte. Der Film wurde bei der 55. Preisverleihung der Academy of Motion Picture Arts and Sciences 1982 in Hollywood mit acht Oscars ausgezeichnet, darunter für den besten Film, den besten Hauptdarsteller und den besten Regisseur. Darüber hinaus gibt es von Regisseur Shyam Benegal *The Making of the Mahatma* (1996) über Gandhis Zeit in Südafrika und *Hey Ram* (2000) von Kamal Haasan, in dem ein potentieller Gandhi-Attentäter das Für und Wider eines Anschlags abwägt. Im Film *Sardar* (1993) von Ketan Mehta über das Leben des indischen Politikers Patel ist Gandhis Figur an prominenter Stelle vertreten.

In dem Theaterstück *Sammy!* von Partap Sharma über Gandhi ist der Titel »Sammy« eine Verballhornung des indischen »Swami« (»Herr«). Es war die kollektive Bezeichnung der Briten und Buren für die Angehörigen der indischen Minderheit in Südafrika. Die Uraufführung fand im Sommer 2005 in Mumbai (dem ehemaligen Bombay) statt. Weitere Theaterstücke sind etwa *Mahatma vs. Gandhi* von Feroz Khan, das sich mit dem schwierigen Verhältnis zu seinem ältesten Sohn Harilal beschäftigt, oder *Me Nathuram Godse Boltoy* (*Ich bin NGB*) von Pradeep Dalavi, das die Begleitumstände der Ermordung Gandhis zum Thema hat. Philip Glass zeichnet in seiner Oper *Satyagraha* (1980) Gandhis Wirken in Südafrika von seiner Ankunft bis zum erfolgreichen Abschluss seiner Kampagne nach. **Theater**

Darüber hinaus gibt es eine Fülle von Primär- und Sekundärliteratur mit neuen Forschungsergebnissen über Mahatma Gandhi und seinen gewaltfreien Widerstand, von denen der größte Teil in englischer Sprache in Indien veröffentlicht wurde und darum in der europäischen Öffentlichkeit nicht sehr verbreitet ist. Eine Ausnahme bilden die vom Gandhi-Informations-Zentrum herausgegebenen Dokumentationen **Literatur** von Gandhis Korrespondenzen mit Leo Tolstoi (*Letter to a Hindoo*), mit Martin Buber (*Wir wollen die Gewalt nicht*), mit dem holländischen Pazifisten Bart de Ligt (*The Breath of my Life*) und die erste Biographie über Gandhis Mitarbeiter Kallenbach (*Hermann Kallenbach. Mahatma Gandhi's friend in South Africa*). Was von der akademischen Forschung an Hochschulinstitutionen jahrzehntelang vernachlässigt wurde, haben einzelne engagierte Wissenschaftler wie Thomas Weber, E. S. Reddy, Ananda Pandiri, James Hunt und Christian Bartolf in jahrelanger Forschungsarbeit aufgearbeitet, beispielsweise Gandhis Stellungnahmen zu Kriegsdienstverweigerung und Pazifismus, sein Plädoyer für Vegetarismus oder seine öffentlichen Aufrufe an vom europäischen und ostasiatischen Faschismus bedrohte Völker. Allein Sozialwissenschaftler wie Johan Galtung, Arne Næss, Joan Bondurant, Gene Sharp und Theodor Ebert waren in der Zeit des Kalten Kriegs und auch danach daran interessiert, Gandhis Ideen und Politik in ihre Alternativkonzepte einzubeziehen. Im öffentlichen politischen Diskurs spielte Gandhi vor allem im Bereich der Weltkulturbehörde UNESCO und auf der Ebene der Vereinten Nationen eine immer ausgeprägtere Rolle. In Deutschland beziehen sich einige Zeitschriften wie *graswurzelrevolution* und *Gewaltfreie Aktion* auf diese Tradition. Das Gandhi-Informations-Zentrum berichtet zudem für seine Mitglieder vierteljährlich in seinem Bulletin *Satyagraha* über wissenschaftliche Ergebnisse und Initiativen mit Gandhi-Bezug.

Was bleibt? Was bleibt von Gandhi für den Alltag des modernen Menschen im 21. Jahrhundert? Hier könnte man eine ganze Liste moralischer Forderungen erstellen wie den friedlichen Umgang mit seinen Mitmenschen, die Achtung des Lebens (beispielsweise durch vegetarische Ernährung), Werte wie Verständnis, Geduld, das Eintreten für soziale Gleichheit und Gleichberechtigung der Geschlechter, eine Abkehr von den Zwängen der Konsumgesellschaft, die Suche nach einem neuen Lebensstil oder generell die Forderung nach gesellschaftlichem und politischem Engagement. Das Wichtigste, was man von Gandhi lernen kann, ist die Erkenntnis der

Wirkung

»Unter den politischen Führern des 20. Jahrhunderts war Gandhi völlig untypisch. Die prominentesten unter diesen Führern wie Hitler, Stalin und Mao hatten Millionen Menschen auf dem Gewissen, und ihre Nationen haben sie bald nach ihrem Tod selbst verurteilt. Keiner würde ihre Wiederkehr begrüßen. Gandhi aber wäre willkommen. Doch leider erinnert man sich an ihn eher als an einen Heiligen, der sich in die Politik verirrt hat, als an einen Politiker, dessen Ideen zukunftsweisend waren und sind.« (Der Biograph Dietmar Rothermund über Gandhi; Rothermund 1997, S. 15)

ethischen Verantwortung des Individuums, aus der sich für den Einzelnen die Aufgabe ergibt, Gesellschaft und Politik entsprechend den Vorstellungen von Frieden und Gerechtigkeit zu verändern.

Anhang

1901 Rückkehr nach Indien, Arbeit als Rechtsanwalt in Bombay.

1902 Im Dezember Rückkehr nach Südafrika, das britische Kolonie wird. – Niederlassung als Anwalt im Transvaal, einem Teil der ehemaligen Burenrepublik. Politischer Kampf gegen die Unterdrückung und Ghettoisierung der indischen Minderheit.

1904 Gründung der Phoenix-Siedlung nach den Ideen von John Ruskin. – Gandhi wird Herausgeber und Chefredakteur der *Indian Opinion*.

1906 Erneute Aufstellung und Leitung einer Sanitätertruppe während des »Zulu-Aufstands«. Gandhi legt ein Keuschheitsgelübde ab, Verzicht auf weltlichen Besitz. – Reise nach London, um bei der britischen Regierung (u. a. im Gespräch mit Churchill) die indischen Interessen zu vertreten.

1907 Erfolgreicher Boykott des Registrierungsgesetzes im Transvaal. Entwicklung des gewaltlosen Widerstands (»Satyagraha«), erste Haftstrafe.

1908 Ziviler Ungehorsam nach Wortbruch der lokalen Politiker, zweiter Gefängnisaufenthalt.

1909 Gandhi schreibt *Hind Swaraj* (*Indische Selbstverwaltung*). – Weitere Verhandlungen in London. – Briefwechsel mit seinem Vorbild Tolstoi. – Dritter Gefängnisaufenthalt.

1910 Hermann Kallenbach schenkt Gandhi 5000 Morgen Farmland für eine umfassendere Verwirklichung seiner Vorstellungen vom guten Leben (»Sarvodaya«). Die Tolstoi-Farm in der Nähe von Johannesburg wird gegründet. Gandhi gibt seine Rechtsanwaltspraxis auf.

1912 Der wichtigste indische Politiker, Gopal Krishna Gokhale, besucht Südafrika und verhandelt mit dem dortigen Regime.

1913 Diskriminierung farbiger Familien, da alle nicht-christlichen Ehen für ungültig erklärt werden. Gewaltloser Widerstand, Streiks, Marsch mit Tausenden Anhängern an die Grenze Transvaals. Erneute Verurteilung Gandhis, Freilassung nach internationalen Protesten.

1914 Durchsetzung der indischen Minderheitsinteressen. – Ausbruch des Ersten Weltkriegs. – Rückkehr nach Indien.

1915 Begeisterter Empfang für den »Mahatma«, Reise durch Indien. – Tod seines politischen Mentors Gokhale.

1916 Gandhis aktive Beteiligung an der indischen Politik beginnt mit einer provokanten Rede.

1917 Organisation des gewaltlosen Widerstands der Indigopflanzer in Champaran (Bihar), Gründung des Sabarmati-Ashrams.

1918 Gandhi leitet den Textilarbeiterstreit in Ahmedabad, gewaltloser Widerstand in Kheda.

1919 Gewaltloser Widerstand gegen die Rowlatt-Gesetze, Blutbad von Amritsar. – Gründung der Zeitschriften *Young India* und *Navajivan* (*Neues Leben*).

1920 Bewegung der Nicht-Zusammenarbeit mit den Briten.

1921 Streiks und Boykott in ganz Indien, Massenverhaftungen der friedlichen Widerstandskämpfer. Gandhi trägt nur noch ein Lendentuch zum Zeichen seiner Solidarität mit den Armen.

1922 Abbruch des Widerstandskampfs nach blutigen Ausschreitungen. Gandhi wird zu sechs Jahren Gefängnis verurteilt. – Gandhi diktiert in der Zelle seine Lebenserinnerungen.

1924 Haftentlassung wegen schwerer Blinddarmentzündung.

1926 »Jahr des Schweigens«.

1927 Ausgedehnte Reisen durch die Dörfer Indiens, um die Khadi-Bewegung auf eine breite Basis zu stellen.

1928 Die indische Unabhängigkeitsbewegung gewinnt wieder an Bedeutung. Organisation des Steuerstreiks in Bardoli.

1930 Bruch des britischen Salzmonopols, »Salzmarsch«. – Am Jahresende sitzen Gandhi und alle führenden Politiker des Kongresses sowie 60 000 Anhänger im Gefängnis.

1931 Politische Verhandlungen mit der Kolonialregierung und in London. Ende des Salzmonopols und Freilassung der Gefangenen.

1932-33 Gandhi wird erneut verhaftet und nach mehreren Hungerstreiks, u. a. gegen separate Wählerlisten für Kastenmitglieder und Kastenlose, entlassen. – Gründung der Zeitung *Harijan* (*Kinder Gottes*), die sich der »Unberührbaren« annimmt.

1934 Rückzug aus der indischen Politik und Rücktritt vom Amt des Kongresspräsidenten. Konzentration seines Engagements auf Dorfentwicklung und die »Unberührbaren«.

1936 Gründung des Sevagram-Ashrams in Zentralindien.

1940 Organisation des gewaltlosen Widerstands gegen die Teilnahme Indiens am Zweiten Weltkrieg.

1942 Gandhi und 200 000 seiner Anhänger sind in politischer Gefangenschaft. Sein langjähriger Freund und engster Mitarbeiter Mahadev Desai stirbt im Gefängnis. – »Quit India«-Resolution.

1944 Gandhis Frau Kasturba stirbt ebenfalls im Gefängnis. – Gandhi wird aus der Haft entlassen.

1946 Die blutige Teilung Britisch-Indiens zwischen Muslimen und Hindus beginnt.

1947 Unabhängigkeit Indiens und Pakistans vom Britischen Empire. Gandhi versucht vergeblich, Frieden und Einheit zu retten.

1948 30. Januar: Ermordung Gandhis durch einen Hindu-Fanatiker.

Bibliographie

Schriften, Zitate, Sammlungen

Gandhi, Mahatma: *The Collected Works of Mahatma Gandhi*. Neu-Delhi 1958
Das mehr als einhundert Bände umfassende Gesamtwerk des Journalisten und Publizisten Gandhi in englischer Sprache.

Gandhi, Mahatma: *Für Pazifisten*. Münster 1995
Gandhis Lehre vom gewaltlosen Widerstand als politische Methode steht im Mittelpunkt dieser Sammlung von Wolfgang Sternstein.

Gandhi, Mahatma: *Gewalt überwinden – aus dem Geist handeln*. Freiburg i. Br. 1977
Zitatsammlung zu politischen, philosophischen und religiösen Fragen.

Gandhi, Mahatma: *Die Kraft des Geistes: Auswahl aus den Schriften*. Zürich 2000

Gandhi, Mahatma: *Mein Leben*. Frankfurt/M. 1983
Gandhi diktierte diese Autobiographie größtenteils während eines Gefängnisaufenthalts 1922-1924 in Poona. Die Originaltitel der englischen Übersetzung aus Gandhis Muttersprache Gujarati hießen *An Autobiography or the story of my experiments with truth* und *Satyagraha in South Africa*.

Gandhi, Mahatma: *Was macht es schon, wenn man uns für Träumer hält. Lebensweisheiten*. München 2001
Thematisch strukturierte, breit angelegte Sammlung.

Gandhi, Mahatma: *Wer den Weg der Wahrheit geht, stolpert nicht*. 12. Aufl. München 2003
Ausgewählte Gedanken aus *A thought for the day*, hrsg. von Anand T. Hingorani, einem Anhänger Gandhis. Gandhi schrieb für ihn jeden Tag von Ende 1944 bis Ende 1946 einen Gedanken auf einen Zettel.

Gandhi-Informations-Zentrum (Hrsg.): *My life is my message. Das Leben und Wirken von M. K. Gandhi*. Kassel-Bettenhausen 1988
Ausführliche Chronologie zu Leben und Wirken Gandhis, thematisch geordnete Zitate, Gandhi im Spiegel der Presse und der Aussagen seiner Zeitgenossen.

Iyer, Raghavan (Hrsg.): *The moral and political writings of Mahatma Gandhi*. Bd. 1: *Civilization, politics and religion*. Oxford 1986

Biographien
Becke, Andreas: *Gandhi zur Einführung.* Hamburg 1999
Fischer, Louis: *Gandhi: Prophet der Gewaltlosigkeit.* München 1998
Grabner, Sigrid: *Mahatma Gandhi. Politiker, Pilger und Prophet.* Leipzig 2002
Erstmals 1983 im Verlag Neues Leben in Berlin erschienen, brachte die einzige Gandhi-Biographie in der DDR der ostdeutschen Friedensbewegung die Methoden des gewaltlosen Widerstands nahe.
Lange, Volker: *Mahatma Gandhi. Der gewaltlose Rebell.* München 1990
Ein Buch über Gandhi in Südafrika für Kinder und Jugendliche.
Rau, Heimo: *Gandhi.* 29.Aufl. (1.Aufl. 1970) Reinbek 2005
Profunde Kurzbiographie eines ausgewiesenen Indienexperten.
Rothermund, Dietmar: *Mahatma Gandhi.* München 2003
Kurzbiographie, die den politischen Gandhi in den Mittelpunkt stellt.

Weitere Literatur
Bartolf, Christian (Hrsg.): *Wir wollen die Gewalt nicht. Die Buber-Gandhi-Kontroverse. Ein Beitrag zur praktischen Philosophie.* Berlin 1998
Die Debatte zwischen dem deutschen Juden Martin Buber und Gandhi über gewaltlosen Widerstand gegen die nationalsozialistische Diktatur.
Bartolf, Christian: *Emanzipation vom bewußten Paria – Gandhis praktischer Idealismus als gewaltfreier Widerstand.* Berlin 2.Aufl. 1995
Als Einführung in Gandhis Weltanschauung weist dieser Aufsatz auf europäische Zeitgenossen hin, die eine Brücke zur gewaltfreien Lebensphilosophie von Mahatma Gandhi geschlagen haben.
Bartolf, Christian/Sarid, Isa (Hrsg.): *Hermann Kallenbach – Mahatma Gandhis Freund in Südafrika.* Berlin 1997
Hermann Kallenbach (1871-1945) war Mahatma Gandhis Freund, Mitarbeiter und Unterstützer.
Briley, John: *Gandhi – The Screenplay.* New York 1982
Dalai Lama: *Das Buch der Freiheit. Die Autobiographie des Friedensnobelpreisträgers* (Freedom in Exile. The Autobiography of His Holiness The Dalai Lama of Tibet). Aus dem Englischen von Günther Cologna. 4.Aufl. Bergisch Gladbach 1994
Einstein, Albert: *Über den Frieden – Weltordnung oder Weltuntergang?* Köln 2004

Hörig, Rainer: *Auf Gandhis Spuren. Soziale Bewegungen und ökologische Tradition in Indien.* München 1995
Wirtschaft, Kultur und Politik im modernen Indien.
Mall, Ram Adhar: *Gandhi interkulturell gelesen.* Nordhausen 2005
Rothermund, Dietmar: *Geschichte Indiens. Vom Mittelalter bis zur Gegenwart.* München 2002
Knappe, informative Übersicht über den historischen Hintergrund von Gandhis Heimat.
Rothermund, Dietmar: *Mahatma Gandhi – Eine politische Biographie.* 2. verb. Aufl. München 1997
Tharoor, Shashi: *Indien – Zwischen Mythos und Moderne.* Frankfurt/M./Leipzig 2000

Internetadressen
http://web.mahatma.org.in
Die offizielle englischsprachige Mahatma Gandhi-Homepage
http://www.mkgandhi.org
Umfassende englischsprachige Informationen zu Leben und Werk.
http://www.gandhiserve.com
Große und nach Stichworten geordnete Zitatsammlung und eine Fülle weiterer Informationen, Bilder usw., auch in Deutsch.
http://home.snafu.de/mkgandhi
Neue Forschungsergebnisse und Dokumentationen zu Gandhi vom Gandhi-Informations-Zentrum, Berlin.

Personenregister

Bildnachweis

Bettmann/Corbis, Düsseldorf: 117

Cinetext, Frankfurt am Main: 134

GandhiServe Stiftung, www.gandhiserve.org, Berlin: 3, 7, 12, 13, 16, 18, 20, 24, 32, 41, 46, 58, 61, 65, 66, 67, 71, 77, 80 oben, 84, 89, 96, 98, 100, 110 (Foto: Peter Rühe), 132

Picture-alliance/dpa, Frankfurt am Main: 106

ullstein bild, Berlin: 93, 103, 112, 122

Umschlagfoto: GandhiServe Stiftung, www.gandhiserve.org

Zum Weiterlesen

Mahatma Gandhi, Mein Leben
Aus dem Englischen von Hans Reisiger. Herausgegeben von
C. F. Andrews. Mit einem Nachwort von Curt Ullerich. suhr-
kamp taschenbuch 953. 298 Seiten

»Indem ich dem Leser Lebewohl sage, bitte ich ihn, sich mit
mir zu vereinen im Gebet zu dem Gott der Wahrheit, daß er
mir die Gnade von Ahimsa gewähren möge in Gedanken,
Worten und Taten.«
So endet Mahatma Gandhis Autobiographie, die *Geschichte
meiner Experimente mit der Wahrheit*, wie er sie nannte. Bis
heute übt dieser zerbrechliche Mann, der materiellen Kampf-
methoden ideelle Waffen entgegensetzte und Kanonen mit
der Autorität seiner Persönlichkeit bekämpfte, eine einzigar-
tige Faszination aus.

»Daß Gandhi gewisse Wahrheiten gefunden hat, die den An-
schein der Ewigkeit haben, ist nichts Besonderes, sie liegen
auf allen Gassen. Das Besondere ist, daß er diese Wahrheiten
sofort und rücksichtslos zu verwirklichen sucht – nicht als
Forderungen an andere, sondern als Forderungen an sich
selbst, unter Preisgabe des eigenen Ich und seiner Wünsche.«
Hermann Hesse

Shashi Tharoor, Die Erfindung Indiens
Das Leben des Pandit Nehru
Aus dem Englischen von Peter Knecht. Insel. Gebunden. 312
Seiten

Jawaharlal Nehru wurde 1889 in einer wohlhabenden und einflußreichen indischen Familie geboren. Seine Biographie
schien klar vorgezeichnet: Jurastudium in Oxford und dann
Anwaltsberuf in Indien. Doch nach der Rückkehr aus England begegnete der bis dahin unauffällige Student dem charismatischen Mahatma Gandhi, dessen politische Einsichten
und Religiosität ihn faszinieren. Menschenwürde, Selbstbestimmung, Demokratie wurden die Ideale, für die Nehru,
dem man den Titel »Pandit« (Gelehrter) gab, fortan einstand.
Shashi Tharoor erzählt eindrucksvoll und anschaulich den
Werdegang Nehrus, ohne den das moderne Indien und die
Rolle, die die größte Demokratie der Erde im 21. Jahrhundert
übernehmen wird, nicht zu verstehen sind.
Shashi Tharoor, geboren 1956 in London, studierte in Bombay, Kalkutta und Delhi Geschichte und in den USA Jura.
Seit 1978 arbeitet er für die UNO. Er gehört zu den renommiertesten Autoren der indischen Gegenwartsliteratur.

»Tharoor ist mit *Die Erfindung Indiens* eine ausgewogene, gekonnt erzählte und bei einem Staatsmann von Nehrus Format
umfassende und dennoch erleichternd knappe Biographie gelungen.« *Frankfurter Allgemeine Zeitung*

Mahatma Gandhi, Was ist Hinduismus?
Aus dem Englischen von Ursula Gräfe
Mit einem Nachwort von Martin Kämpchen. insel taschenbuch 3206. 151 Seiten

Mahatma Gandhi führte Indien 1947 in die Unabhängigkeit. Die Quelle für seine Vorstellungen von sozialen, politischen und ökonomischen Veränderungen auf der Grundlage von Wahrheit (*satya*) und Gewaltlosigkeit (*ahimsa*) liegen im Hinduismus.

»Ein Mensch muß nicht an Gott glauben, um Hindu zu sein. Hinduismus ist die unermüdliche Suche nach Wahrheit, und selbst wenn er heute dem Untergang geweiht scheint, so wird er sich doch eines Tages über die ganze Welt verbreiten. Hinduismus ist die toleranteste aller Religionen. Frei von jeglichem Dogma, ist sein Credo allumfassend.«

Was ist Hinduismus? stellt erstmals in deutscher Übersetzung die zentralen Gedanken Gandhis zur Lebensform des Hinduismus und ihrer Umsetzung im Alltag vor.

»Indien«
im Suhrkamp und Insel Verlag

Romane und Erzählungen

Mircea Eliade. Das Mädchen Maitreyi. Roman. Aus dem Rumänischen von Edith Silbermann.
224 Seiten. Gebunden. it 2234. 204 Seiten

Mircea Eliade. Isabelle und die Wasser des Teufels. Aus dem Rumänischen von Richard Reschika. 224 Seiten. Gebunden

Hermann Hesse. Aus Indien. Aufzeichnungen, Tagebücher, Gedichte, Betrachtungen und Erzählungen. Neu zusammengestellt und ergänzt von Volker Michels. st 562. 384 Seiten

Hermann Hesse. Sehnsucht nach Indien. Erzählungen.
st 3793. 164 Seiten.

Hermann Hesse. Siddhartha. Eine indische Dichtung.
Gesammelte Werke in Einzelausgaben. 128 Seiten. Gebunden
BS 227. 152 Seiten.
st 182. 136 Seiten
Romane des Jahrhunderts. st 2931. 192 Seiten
st 3844. 125 Seiten
Großdruck. it 2432. 187 Seiten.
SBB 2. 192 Seiten

Hermann Hesses Indienreise. Eine Moritat. Als Schattenspiel in Verse und Bilder gebracht von Otto Blümel. it 2430. 80 Seiten

Rudyard Kipling. Das Dschungelbuch. Aus dem Englischen von Erika Engelmann. Mit einem Nachwort von Dieter Hamblock. it 3169. 232 Seiten

R. K. Narayan. Reifeprüfung. Aus dem Englischen von Ursula Gräfe. 204 Seiten. Gebunden

Shashi Tharoor. Aufruhr. Eine Liebesgeschichte. Roman. Aus dem Englischen von Anke Kreutzer. 336 Seiten. Gebunden. st 3792. 332 Seiten

Shashi Tharoor. Die Erfindung Indiens. Das Leben des Jawaharlal Nehru. Aus dem Englischen von Peter Knecht. Mit Abbildungen. 312 Seiten. Gebunden

Shashi Tharoor. Der große Roman Indiens. Aus dem Englischen von Anke Kreutzer. st 2867. 659 Seiten

Shashi Tharoor. Eine kleine Geschichte Indiens. Aus dem Englischen von Max Looser. st 3678. 432 Seiten

O. V. Vijayan. Die Legenden von Khasak. Aus dem indischen Englisch von Ursula Gräfe. 236 Seiten. Gebunden

Josef Winkler. Domra. Am Ufer des Ganges. 259 Seiten. Gebunden. st 3094. 283 Seiten.

Josef Winkler. Leichnam, seine Familie belauernd. es 2442. 160 Seiten.

Philosophie und Religion

Buddha für Gestreßte. Herausgegeben von Ursula Gräfe. it 2594. 134 Seiten

Mircea Eliade. Yoga. Aus dem Französischen von Inge Köck. st 1127 und it 3001. 515 Seiten

David Kinsley. Die indischen Göttinnen. Aus dem Amerikanischen von Rainer Grafenhorst. it 2616. 367 Seiten

Raimundo Panikkar. Rückkehr zum Mythos. Aus dem Englischen von Bettina Bäumer. 251 Seiten. Gebunden und it 1386

Octavio Paz. Im Lichte Indiens. Aus dem Spanischen von Rudolf Wittkopf. 202 Seiten. Gebunden und BS 1308

Heinrich Zimmer. Philosophie und Religion Indiens. Aus dem Englischen und herausgegeben von Lucy Heyer-Grote. stw 26. 544 Seiten

Gandhi

Mahatma Gandhi. Mein Leben. Aus dem Englischen von Hans Reisiger. Herausgegeben von C.F. Andrews. st 953. 298 Seiten

Mahatma Gandhi. Was ist Hinduismus? Aus dem Englischen von Ursula Gräfe. it 3206. 140 Seiten

Gandhi für Gestreßte. Ausgewählt und aus dem Englischen und Hindi von Martin Kämpchen. it 2806. 146 Seiten

Gedichte

Indische Liebesgedichte. Übertragen von Friedrich Lückert. Mit einem Nachwort von Martin Kämpchen. it 3173. 143 Seiten

Rabindranath Tagore. Liebesgedichte. Ausgewählt und aus dem Bengalischen übertragen von Martin Kämpchen. it 2988. 112 Seiten

Indische Mythen und Märchen

Bengalische Märchen. Aus dem Bengalischen von Heinz Mode. Herausgegeben von Heinz Mode und Arun Ray. 508 Seiten. Gebunden

Roberto Calasso. Ka. Geschichten von Indiens Göttern. Aus dem Italienischen von Anna Katharina Fröhlich und Marianne Schneider. 478 Seiten. Gebunden. it 3170. 567 Seiten

Die schönsten indischen Märchen. Aus dem Hindi von Margot Gatzlaff und aus dem Bengalischen von Heinz Mode. it 3172. 257 Seiten

Reiseführer

Diana L. Eck. Benares. Stadt des Lichts. Aus dem Amerikanischen von Bettina Bäumer und Luitgard Soni. Mit zahlreichen Abbildungen. it 3171. 482 Seiten

Indien. Ein Reisebegleiter. Herausgegeben von Martin Kämpchen. Mit Fotografien. it 2996. 256 Seiten.

Suhrkamp BasisBiographien

Ein spannendes Leben, ein beeindruckendes Werk, eine bleibende Wirkung – die Suhrkamp BasisBiographien erzählen von Leben, Werk und Wirkung der großen Persönlichkeiten der Weltgeschichte.

Isabel Allende Von Martina Mauritz. sb 8. 160 Seiten.
ISBN 3-518-18208-0

Hans Christian Andersen Von Gisela Perlet. sb 3. 160 Seiten
ISBN 3-518-18203-X

Hannah Arendt Von Thomas Wild. sb 17. 160 Seiten
ISBN 3-518-18217-X

Samuel Beckett Von Gaby Hartel/Carola Veit. sb 13. 160 Seiten
ISBN 3-518-18213-7

Walter Benjamin Von Momme Brodersen. sb 4. 160 Seiten
ISBN 3-518-18204-8

Thomas Bernhard Von Manfred Mittermayer. sb 11. 160 Seiten.
ISBN 3-518-18211-0

Bertolt Brecht Von Jan Knopf. sb 16. 160 Seiten
ISBN 3-518-18216-1

Buddha Von Ursula Gräfe. sb 5. 160 Seiten.
ISBN 3-518-18205-6

Bob Dylan Von Jens Rosteck. sb 18. 160 Seiten
ISBN 3-518-18218-8

Mahatma Gandhi Von Matthias Eberling. sb 19. 160 Seiten
ISBN 3-518-18219-6

Che Guevara Von Stephan Lahrem. sb 6. 160 Seiten
ISBN 3-518-18206-4

Heinrich Heine Von Joseph A. Kruse. sb 7. 160 Seiten.
ISBN 3-518-18207-2

Hermann Hesse Von Michael Limberg. sb 1. 160 Seiten
ISBN 3-518-18201-3

James Joyce Von Hans-Christian Oeser und Jürgen Schneider.
sb 21. 160 Seiten. ISBN 3-518-18221-8

Frida Kahlo Von Karen Genschow. Mit farbigen Abbildungen
sb 22. 160 Seiten. ISBN 3-518-18222-62

Klaus Kinski Von Peter Geyer. sb 20. 160 Seiten.
ISBN 3-518-18220-X

Wolfgang Koeppen Von Günter und Hiltrud Häntzschel.
sb 12. 160 Seiten. ISBN 3-518-18212-9

Christoph Kolumbus Von Frauke Gewecke. sb 14. 160 Seiten
ISBN 3-518-18214-5

Wolfgang Amadeus Mozart Von Malte Korff. sb 10. 160 Seiten.
ISBN 3-518-18210-2

Friedrich Schiller Von Volker Dörr. sb 2. 160 Seiten
ISBN 3-518-18202-1

Ludwig Wittgenstein Von Joachim Schulte. sb 9. 160 Seiten.
ISBN 3-518-18209-9

Biographien zum Hören –
benutzerfreundlich, fundiert
und kurzweilig

Anregende und informative Hörstücke über Leben,
Werk und Wirkung großer Persönlichkeiten der Weltgeschichte. Von mehreren Sprechern lebendig vorge-
tragen, mit umfangreichem Booklet inklusive eines
ausführlichen Inhaltsverzeichnisses, vielen Bildern und
einer Zeittafel.
2 CDs, 160 Minuten, 16-seitiges Booklet
€ 17,95 [D] / € 18,60 [A] / sFr. 33,50

Jan Knopf
Bertolt Brecht

Stephan Lahrem
Che Guevara

Thomas Wild
Hannah Arendt

Matthias Eberling
Mahatma Gandhi

| Hoffmann und Campe |